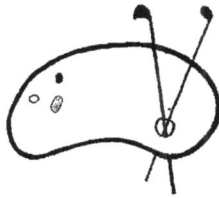

COUVERTURE SUPÉRIEURE ET INFÉRIEURE
EN COULEUR

TRAITÉ

des

FABRIQUES PAROISSIALES .

d'après

La

Législation Civile

———

INTRODUCTION

1. —————— Le mot *Fabrique*, pris dans son sens littéral, signifiait primitivement la construction des Églises et édifices religieux. Plus tard, le Comité chargé de la direction et de la surveillance des travaux de construction s'appela *Comité* ou *Conseil* de la fabrique. Souvent aussi, l'œuvre achevée, ce Conseil continua de subsister, n'ayant plus dès lors d'autres attributions que l'entretien de l'Église et l'administration des biens temporels affectés par les fondateurs à sa dotation.

C'est là toute l'origine des *Conseils de Fabrique*, ou simplement des *Fabriques d'Église*.

2. —————— Le droit général de l'Église parle peu des Fabriques. Le Concile de Trente [1] suppose leur existence et les soumet à l'inspection et au Contrôle des Évêques, sauf le cas où le fondateur de l'Église aurait expressément voulu en affranchir la Fabrique, et toutefois, même en ce cas exceptionnel, l'Ordinaire doit

---

[1] – Session XXII. ch. IX. De Reformatione.

assister, en personne ou par son délégué, à la reddition des comptes fabriciens, qui doit être présentée annuellement aux supérieurs légitimes.

Dans cette décision du Concile, qui, pour le dire en passant, subsiste encore dans toute sa vigueur, apparait clairement l'esprit de l'Eglise en matière d'administration de ses biens temporels. Si elle accepte pour l'exercice de ce droit le concours de pieux laïcs, c'est à la condition qu'ils restent soumis à son suprême contrôle. « Personne « ne doit ignorer, dit Grégoire XVI, que les fonctions d'ad- « ministration des biens ecclésiastiques sont entièrement dépendantes « de l'autorité épiscopale, et que rien ne doit être décidé « par les fabriciens des Eglises, s'ils n'en ont reçu la « permission de l'Evêque. (1) »

Quant à l'organisation intérieure des Conseils de Fabrique, le Droit commun ne s'en occupe pas. Il laisse aux Conciles provinciaux, aux Evêques, à la coutume, et surtout à la volonté des fondateurs des Eglises, le soin de déterminer leur composition, leur compétence, leurs droits et leurs devoirs.

Le Droit français d'avant la Révolution s'abstint pareillement d'intervenir dans l'administration ordinaire des biens ecclésiastiques. Les arrêts des Parlements, assez

---

(1). Lettre Dudum nos, à l'Evêque de Gibraltar, du 12 Août 1841 (de MARTINIS, Juris Pontif de Propag Fide. S. I. C. V. p.282). On peut voir aussi le même enseignement dans les lettres décisives de Pie VII Non sine magno, 22 Août 1822; et de Léon XII Quo longius, 16 Août 1822 (Ibid T. IV pp. 620 & 705). De même dans les Conciles suiv. II. de Québec, en 1854, Décret XV, 3.2, n. 4; - II. de Westminster, VIII n. 1 - II. de Port d'Espagne, en 1867, 11, n. 15; - 1er Conc plénier de Balti- more en 1852. (Coll. Lac. T. III pp. 657 & 980 - 1180 - 1145.)

fréquents en cette matière durant le XVIII⁵ siècle, ne sont que des jugements de cas particuliers, rendus à la requête des parties intéressées, différents suivant les cas et les usages locaux, et d'où par conséquent l'on ne peut tirer aucun principe universel.

Il est donc impossible de trouver dans aucun droit, civil ou canonique, antérieur à la Révolution, une organisation uniforme des Conseils fabriciens. La seule loi générale qui les ait atteints est celle du 19 Août 1792, qui prescrivait la réunion au domaine national et la vente des biens d'Eglise, et englobait toutes les Fabriques dans une même et injuste ruine.

3. _____ Le Concordat, sans mentionner expressément les Fabriques, préparait leur résurrection par son article 15, qui oblige le gouvernement à permettre aux fidèles de faire des fondations et de reconstituer la propriété ecclésiastique. C'est sans doute en exécution de cette clause concordataire, que l'article organique 76 ordonna d'établir des fabriques pour veiller à l'entretien et à la conservation des temples, ainsi qu'à l'administration des aumônes. Le gouvernement voulait-il, dès lors, mettre la main sur les administrations fabriciennes? Il ne le semble pas. Un arrêté du 9 floréal, an XI (29 Avril 1803) invita même les Evêques à donner des réglements pour les fabriques de leurs diocèses respectifs ; tant il semblait naturel de laisser en cette matière toute autorité à l'Eglise. Mais bientôt, le 7 thermidor de la même année, le gouvernement revint sur sa première intention, et chargea les préfets de nommer les marguilliers ou fabriciens, pour administrer les biens restitués aux fabriques [1]

_____

[1] - AFPRE Traité de l'administration temporelle des paroisses.

C'était le premier pas fait par l'État dans la voie de l'intervention abusive en matière d'administration des choses ecclésiastiques. Ce ne devrait pas être le dernier, et l'on composerait plusieurs volumes compacts, si l'on voulait recueillir tous les actes par lesquels l'autorité civile a, dans le cours de ce siècle, décidé, réglementé et corrigé ce qui touche aux fabriques.

Contentons-nous de signaler les plus importants[1]

A. ——————— 1º Le décret du 30 Décembre 1809 fixe les attributions et la composition du Conseil de Fabrique et du bureau des marguilliers, détermine les revenus et les charges des fabriques, et trace les règles à suivre dans l'élaboration du budget, la reddition des comptes et l'administration des biens. Il reste, aujourd'hui encore, la base de la législation fabricienne, et l'on doit regarder comme étant en pleine vigueur tous ceux de ses articles qui n'ont pas été abrogés par les actes subséquents du pouvoir législatif.

2º Le décret du 6 Novembre 1813 réglemente l'administration des biens des cures, menses épiscopales, chapitres cathédraux ou collégiaux et séminaires. C'est une appropriation faite à ces établissements des principales dispositions du décret de 1809.

3º La loi du 2 Janvier 1817 permet aux fabriques et aux établissements ecclésiastiques de recevoir des biens im-

---

[1] - Outre les ouvrages plus volumineux sur le droit civil, comme le Répertoire de Dalloz et les traités de droit admin., plusieurs manuels rapportent le texte intégral de la plupart des documents signalés ici :

Tels sont . RAVELET, Code manuel des lois civiles ecclés. - E. OLLIVIER Nouveau Manuel de droit ecclés. français - MARQUÈS - ot.

-meubles aussi bien que des rentes, par donations entre-vifs ou testamentaires.

4: L'ordonnance du 12 Janvier 1825 modifie le décret de 1809, en ce qui concerne la formation et le renouvellement des Conseils de Fabrique.

5: La loi du 15 février 1852 étend la compétence des Préfets relativement aux autorisations à donner pour donations et legs faits aux fabriques.

6: La loi du 5 Avril 1884, sur l'organisation municipale, dégage la commune de presque toutes ses obligations financières envers la fabrique, même au cas où les ressources de celle-ci sont insuffisantes. En outre, elle soumet l'administration fabricienne au contrôle régulier de la commune, et tend à en faire une dépendance du Conseil Municipal, à l'instar des établissements publics d'assistance

7: Enfin la loi du 26 Janvier 1892 soumet les fabriques aux règles de comptabilité imposées aux établissements publics. Un décret du 27 Mars 1893 détermine ensuite dans quelle mesure ces règles doivent être observées par les fabriques, et enfin une Instruction ministérielle, en date du 15 Décembre de la même année, trace la manière dont le décret lui-même doit être entendu et mis à exécution.

    5. _____ Ce sont là les actes les plus importants, et comme les jalons qui marquent les grandes phases par lesquelles a passé la législation civile en matière fabricienne. Il existe en outre un grand nombre de lois, décrets, ordonnances, circulaires, arrêtés, etc., qui en réglementent les derniers détails, ou qui, sans avoir les fabriques pour objet immédiat, les atteignent néanmoins indirectement, par l'application subséquente

qu'on leur en a faite : Ils seront signalés dans le cours de ce traité, à mesure que l'occasion se présentera d'y renvoyer le lecteur. Leur énumeration, à ce moment, ne pourrait être qu'une fastidieuse table des matières

6° _____ Ce traité des fabriques paroissiales sera divisé en 5 chapitres.

1°:_ L'organisation intérieure des fabriques ;

2°:_ Leurs biens et revenus ;

3°:_ Leurs charges et dépenses,

4°:_ Leur comptabilité ;

5°:_ Les actes d'administration extraordinaire ;

CHAPITRE PREMIER

ORGANISATION DES FABRIQUES

Chaque fabrique est composée d'un Conseil et d'un Bureau des Marguilliers[1]. L'un est le pouvoir délibératif, et l'autre le pouvoir exécutif

Article Ier

Du Conseil de Fabrique

Deux paragraphes dans cet article .
1° Composition du Conseil ; ____ 2°: Ses attributions et fonctions.

---

[1] D. 30 décembre 1809, Art. H.

§ I. Composition du Conseil

1. _____ Dans les paroisses où la population est de cinq mille âmes, le Conseil de fabrique est composé de onze membres ; dans toutes les autres il ne l'est que de sept [1]. Pour savoir si une paroisse a plus ou moins de cinq mille âmes, il faut s'en rapporter aux recensements officiels que le Gouvernement publie tous les cinq ans

Parmi les onze ou sept membres du Conseil de fabrique, deux le sont de droit, et les autres sont électifs. Les membres de droit sont. Le Curé, qui peut se faire remplacer par l'un de ses vicaires, – et le Maire, qui peut se faire remplacer par l'un de ses adjoints, et même doit toujours, s'il n'est pas catholique, se substituer un adjoint ou un conseiller municipal qui le soit [2]

Dans les villes où il y a plusieurs paroisses ou succursales, le maire est de droit membre du Conseil de chaque fabrique et peut s'y faire remplacer [3]

2. _____ Les membres électifs sont choisis parmi les catholiques notables domiciliés dans la paroisse. [4]

---

[1] id. 30 déc. 1809   Art. 3
[2]   . ibid .   Art. 4.
[3]   . ibid   Art. 5.
[4]   ibid   Art. 3

Sont réputés *catholiques* et aptes à devenir fabriciens ceux qui, étant une fois entrés dans l'Église, n'en sont point sortis, lors même qu'ils auraient cessé de remplir les devoirs extérieurs de la religion.

La qualité de *notable* se détermine selon les paroisses. elle suppose toujours que l'individu réputé tel jouit de la considération publique et exerce autour de lui quelque influence. Le domicile requis est le domicile de droit, auquel il faut joindre la résidence de *fait*.

Outre ces qualités, la jurisprudence usuelle exige que les candidats aux fonctions fabriciennes aient au moins vingt et un ans d'âge [1] et ne soient point salariés par la fabrique ; on ne pourrait par conséquent nommer fabricien le sacristain ou le chantre de l'Église.

3. ———————— Dans les paroisses où le Conseil de fabrique est composé de onze membres, cinq des conseillers électifs sont, pour la première fois, nommés par l'Évêque, et quatre par le Préfet. Dans celles où il n'est composé que de sept membres, l'Évêque en nomme trois et le Préfet deux. [2]

Ordinairement le Curé présente à l'Évêque ses candidats, et le Maire les siens au Préfet ; mais l'Évêque et le Préfet peuvent nommer directement des membres pris en dehors des listes qui leur sont fournies [3]

4. ———————— Après cette première formation, le Conseil de fabrique se renouvelle lui-même

---

[1] - Décision ministérielle, 28 Mars 1890 (citée par Revue administrative du culte catholique, Juillet 1890)

[2] Décr. du 30 déc. 1809 Art. 6.

[3] Déc. du 9 oct. 1851

régulièrement tous les trois ans, par parties inégales, de la manière suivante : à l'expiration des trois premières années, dans les paroisses où il comprend neuf membres électifs, cinq d'entre eux désignés par le sort, cessent leurs fonctions, et sont soumis à la réélection, et après trois nouvelles années les quatre autres sortent de droit, et sont réélus ou remplacés. — Pour les paroisses dont le conseil n'a que cinq membres électifs, le renouvellement s'opère par la sortie de trois membres désignés par le sort, après les trois premières années, et des deux autres après les trois années suivantes. — Dans la suite ce sont toujours les plus anciens en exercice qui doivent sortir et être soumis à la réélection. [1]

Les conseillers qui devront remplacer les membres sortants sont élus par les membres restants [2]. Pour que les élections triennales soient valables, il faut et il suffit que les fabriciens électeurs soient, dans les conseils de onze membres, au nombre de quatre, et dans ceux de sept, au nombre de trois [3]

Les membres sortants peuvent être réélus, à moins qu'ils n'aient été révoqués par décision ministérielle [4]

5. —————— L'élection a lieu au scrutin secret, soit individuel, soit de liste, et la majorité des suffrages doit être absolue et non relative [5]. Dans le cas où les voix se sont partagées au premier tour de scrutin,

---

[1] — D. 30 Dec. 1809   Art. 7

[2] —   ib.   Art. 8

[3] — Avis. Comité des Cultes, 7 août 1811

[4] — Arrêt. C.E. 22 Juillet 1859

[5] — D. 30 dec. 1809. Art. 8.

il est nécessaire de procéder à un second tour, et dans le cas où le même partage se produirait encore, le plus âgé des candidats devrait obtenir la préférence.[1]

6. _____ Les renouvellements triennaux des Conseils de fabrique doivent avoir lieu le dimanche de Quasimodo.[2]

Lorsque le renouvellement régulier n'a pas été fait à cette époque, l'Évêque ordonne qu'il y soit procédé dans le délai d'un mois ; passé ce délai il fait lui-même les nominations, mais pour cette fois seulement.[3] Il peut aussi nommer directement sans mettre le Conseil de fabrique en demeure de procéder à l'élection.[4]

Toutefois on remarquera que le droit des Évêques de faire les nominations auxquelles le Conseil de fabrique n'a pas procédé, n'est pas limité par un espace de temps déterminé.[5] Ils peuvent donc attendre plusieurs mois avant d'y procéder eux-mêmes. Mais si plusieurs renouvellements triennaux avaient été omis, il n'appartiendrait plus à l'Évêque de compléter l'assemblée. Il y aurait lieu de faire alors une réorganisation complète comme pour la formation première.[6] En attendant, les actes d'administration faits par le Conseil sont valides, nonobstant sa situation irrégulière

7. _____ Jusqu'ici nous n'avons

---

[1]. Avis Conseil d'État, juillet 1839
[2]. Ord. 12 janvier 1825 . Art. 2.
[3]. _ _ _ Id. Art. 4.
[4]. Déc. min. Mars 1837
[5]. Ord. 12 janvier 1825 . C. E 5 janvier 1894
[6]. Circ. min 6 juin 1832.

parlé que du renouvellement régulier. Il peut, en outre, y avoir lieu de procéder à un renouvellement partiel accidentel, ou à un renouvellement intégral

Les élections accidentelles ou extraordinaires, ont lieu dans tous les cas de vacance par mort, démission acceptée par le Conseil, ou destitution de quelque Conseiller. Elles doivent être faites dans la première séance ordinaire du Conseil de fabrique, qui suit la vacance. On y observe les mêmes règles, touchant le scrutin, que dans les élections triennales, avec cette différence toutefois, que les électeurs présents doivent représenter plus de la moitié des membres dont le conseil est composé. Les nouveaux fabriciens ne sont élus que pour le temps d'exercice qui restait à ceux qu'ils sont destinés à remplacer.[1]

Lorsque les élections accidentelles doivent être faites dans la même séance que les élections triennales, de telle sorte que le nombre des fabriciens restant en fonctions soit insuffisant pour procéder valablement à des élections, les élections en remplacement (c'est à dire pour les vacances accidentelles) sont d'abord opérées par l'Évêque seul [2]. On fait ensuite les élections triennales comme à l'ordinaire.

8. _____ Il y a lieu de procéder au renouvellement intégral du Conseil toutes les fois que, cette assemblée ayant cessé de fonctionner régulièrement, le Ministre des Cultes en a prononcé la dissolution. En ce cas, on suit les mêmes règles que pour la formation première du Conseil.

Les cas les plus ordinaires de dissolution sont :

---

(1) - Ord. du 12 janvier 1825. Art. 5
(2) - BOST. Encyclop. etc.

1º Lorsque le Conseil de fabrique, dûment requis de préparer le budget et d'établir le compte, s'y refuse par négligence ou mauvais vouloir[1]

2º Lorsque le Conseil et l'Évêque, ayant omis de procéder ou de faire procéder aux élections triennales ou accidentelles, l'assemblée a cessé de fonctionner régulièrement[2] Toutefois il est à remarquer que deux élections triennales régulières valident les élections irrégulières précédentes[3].

3º Toute autre cause jugée suffisamment grave par le Ministre des Cultes[4]

9. _____ Dès qu'il est régulièrement formé, le Conseil de fabrique se constitue, c'est à dire qu'il nomme, au scrutin, un Président et un Secrétaire, qui doivent être renouvelés le dimanche de Quasimodo de chaque année. Le président et le secrétaire sortants sont toujours rééligibles[4]

Tous les membres du Conseil peuvent être nommés secrétaires, mais la jurisprudence ne permet pas de choisir pour président le Maire ou le Curé. On a voulu éviter de donner à l'un ou à l'autre une prépondérance exagérée dans les délibérations et les votes de l'assemblée.

Les attributions du Président consistent à convoquer le Conseil, à présider les assemblées et diriger les délibérations En cas de partage, il a voix prépondérante, sauf quand il s'agit d'élections[5]

---

[1].— Ord. 12 janv. 1825. Art 5.

[2].— Circul min. 6 juin 1888.

[3].— LO. my. 16 juillet 1847

[4].— LO 30 déc. 1809 Art. 9

[5].— .. Ibid.

Le Secrétaire rédige les procès-verbaux des délibérations, et les consigne sur un registre spécial, coté et paraphé par le Président, et exempt de timbre. Il les fait signer par tous les membres présents, et dépose le registre dans l'armoire affectée aux papiers de la fabrique.[1]

§ II. Attributions & Fonctions du Conseil de Fabrique.

10. _____ Les fabriques, dont l'art. 76 du 18 germinal an X a ordonné l'établissement, sont char- gées de veiller à l'entretien et à la conservation des temples; d'administrer les aumônes et les biens, rentes et perceptions autorisés par les lois et réglements, les sommes supplémen- taires fournies par les communes, et généralement tous les fonds ou sont affectés à l'exercice du culte.[2]

Longtemps la jurisprudence a reconnu aux fabri- ques la faculté de recevoir et d'administrer des aumônes et des biens en vue d'une destination autre que l'exercice proprement dit du culte, par exemple pour le soulage- ment des pauvres, la fondation et l'entretien d'écoles populaires, etc.. Le Conseil d'État, par deux avis du 13 Avril et du 13 Juillet 1881, a décidé que les fabriques n'ont compétence et qualité que pour l'administration des ressources affectées exclusivement à l'exercice du culte.[3]

_____

(1). — D. 30 dec 1809. Art. 9. 54 & 81
(2). — Ibid.   Art 1
(3). — Cités par le manuel Oudin.

11. _____ Dans cette sphère restreinte de son action, le Conseil de fabrique ne possède qu'une autorité limitée. Il n'est qu'une sorte de Conseil d'Administration, dont les décisions, pour être exécutoires, ont, le plus souvent, besoin de recevoir l'approbation de l'autorité supérieure, ecclésiastique ou civile. De plus, il n'exécute jamais par lui-même ce qu'il a décidé. le pouvoir exécutif appartient au bureau des marguilliers. Il est donc administrateur, mais non gérant, et son administration est placée sous la tutelle de l'autorité supérieure.

Mais, s'il n'est pas indépendant dans la gestion des affaires de l'Église, il est du moins appelé à délibérer sur toutes les questions du culte dans la paroisse. En conséquence il se réunit en session ordinaire, aux jours fixés par la loi, et quelquefois en session extraordinaire, quand l'urgence des affaires ou de quelques dépenses imprévues l'exige [1]

12. _____ Les assemblées ordinaires ont lieu le dimanche de Quasimodo et le premier dimanche des mois de Juillet, Octobre, et Janvier [2]. Chacune de ces sessions peut durer plusieurs jours, autant qu'il est nécessaire pour délibérer mûrement toutes les affaires

L'objet ordinaire des délibérations varie avec les sessions :

1° Le Dimanche de Quasimodo. _ Le conseil, s'il y a lieu, remplace par voie d'élection, les fabriciens sortants; _ renouvelle son Président et son Secrétaire, _ nomme celui de ses membres qui doit entrer dans le bureau des marguilliers, à la place du marguillier sortant; _ fait choix, s'il est nécessaire, du receveur comptable des deniers

---

[1] _ D. 30 déc. 1809. Art. 10.

[2] _ .Cio.

fabriciens.

Toutes ces élections préalablement faites, il arrête les comptes de l'ordonnateur et du comptable pour l'exercice précédent; — vote, s'il y a lieu, le budget supplémentaire pour l'exercice courant ; — délibère et établit les budgets ordinaires & extraordinaires pour l'année suivante.

Enfin, si une demande de secours doit être adressée à la commune, c'est encore dans la session de Quasimodo qu'il y a lieu de la préparer avec les pièces à l'appui.

2° Le Premier Dimanche de Juillet. — Les Conseils de fabrique, obligés de recourir à une subvention de la commune, et qui n'auraient pas fait leur demande dans la session précédente, doivent la préparer à leur réunion de Juillet, afin qu'elle puisse être présentée au Conseil municipal dans la session ordinaire du mois d'Août.

3° Le Premier Dimanche d'Octobre. — Dans les pays où les baux sont ordinairement datés du mois de Novembre ou de Janvier, le Conseil doit examiner en Octobre les conditions de leur renouvellement, ainsi que les modifications à y apporter. De même pour la location des bancs et chaises, qui se fait régulièrement à la fin ou au commencement de l'année.

4° Le Premier Dimanche de Janvier. — On examine les questions intéressant le renouvellement des baux et des locations qui sont datés du printemps.

Dans chacune des assemblées, le Conseil délibère sur toutes les questions qui intéressent la fabrique et qui ont été soulevées depuis sa réunion dernière. On trouvera dans les chapitres suivants l'explication des droits et devoirs de la fabrique dans les divers cas qui peuvent se présenter.

13. _____ Quand des affaires urgentes ne permettent pas d'attendre l'époque de la réunion ordinaire trimestrielle, le Conseil doit s'assembler extraordinaire-ment, mais seulement après autorisation de l'Évêque ou du Préfet [1]. Ceux-ci se préviennent mutuellement des assemblées extraordinaires qu'ils ont autorisées [2].

L'ordonnance qui autorise une réunion extraor-dinaire doit désigner le jour où l'assemblée aura lieu [3]. Si une séance ne suffisait pas pour délibérer toutes les affaires, on continuerait les jours suivants jusqu'à épuisement du programme.

Le Conseil ne peut s'occuper, dans une séance extraordinaire, que des seuls objets pour lesquels il a été autorisé à s'assembler [4] et le procès-verbal de la séance fait mention de l'autorisation.

14. _____ La manière de convoquer les fabriciens et de tenir l'assemblée est la même pour toutes les séances, qu'elles soient ordinaires ou extraordinaires.

La Convocation peut se faire de deux manières: ou par un avertissement public, le dimanche précédent, au prône de la grand'Messe [5]; - ou par des invi-tations individuelles adressées à chaque conseiller par le Président ou le Curé.

Le Lieu ordinaire des séances est l'Église, la Sacristie ou le presbytère.

---

(1) - D. 30 Dec. 1809. art. 10.

(2) - Ord. 20 Janv. 1825. art. 4.

(3) - C.E. 23 août 1839.

(4) - Déc. min. 4 Sept. 1849.

(5) - D. 30 Dec. 1809. Art. 10.

Par extraordinaire, le Conseil pourrait s'assembler dans tout autre local convenable, sauf à mentionner au procès-verbal le motif pour lequel on aurait dérogé à la règle.

En séance, le Président occupe la place d'honneur. A sa droite, se place le Curé, et à sa gauche le Maire.[1] Viennent ensuite les autres Conseillers, à droite et à gauche alternativement, par rang d'âge ou d'ancienneté.

Le Conseil ne peut délibérer valablement qu'autant qu'il y a, présents à l'assemblée, plus de la moitié des membres qui le composent.[2]

Le Président recueille les voix, au scrutin public ou secret, et la décision est arrêtée par la majorité des membres présents. En cas de partage, la voix du président est prépondérante, sauf en matière d'élection.[3]

Le procès-verbal est ensuite dressé par le secrétaire et signé par tous les membres présents.[4]

---

(1) — D. 30 Dec. 1809. art. 3.

(2) — Ibid.　　　　art. 9

(3) — Ibid.　　　　art. 9

(4) — Nous croyons utile de donner dans les notes les formules des principaux actes que doivent rédiger les Conseils de fabrique. Voici une formule de procès-verbal d'une délibération ordinaire.

L'an .. le .. du mois de , le Conseil de fabrique de l'Eglise de . dûment convoqué . (mode de convocation) s'est réuni dans .. en séance ordinaire sous la présidence de M.

Étaient présents . N N ; lesdits membres formant la majorité du Conseil M. le Président a exposé que .. et a proposé en conséquence de décider que ... (ou bien) a donné

Article II.
Du Bureau des Marguilliers.

15. _____ Le Bureau des Marguilliers est la Commission exécutive chargée de la Gestion des intérêts fabriciens. Trois questions sont à examiner en autant de paragraphes distincts : 1° La Composition du Bureau ; — 2° Ses attributions et fonctions en général ; 3° les attributions spéciales à chacun de ses membres. —

§. 1. — Composition du Bureau des Marguilliers —

16. _____ . Le Bureau des Marguilliers se compose : 1° du Curé, qui en est le membre perpétuel et de droit, il a la première place et peut se faire remplacer par un de ses vicaires ; — 2° de trois Membres électifs choisis dans le sein du Conseil [*].

Tous les fabriciens peuvent être élus marguilliers ;

_____

la parole à M. N. qui a proposé au Conseil de décider que.

La proposition ayant été mise en discussion, il a été arrêté à la majorité de . . voix sur . . . votants, ce qui suit.

Art. I . . . _ . . . _

Art. II . . . . _

L'ordre du jour étant épuisé, et personne ne demandant plus la parole, le présent procès-verbal a été rédigé en séance, et ont signé, après lecture faite, tous les Membres du Conseil présents.

[*] — D. 30 déc. 1809, art. 13

il y a pourtant deux réserves à faire :

1° Ne peuvent être en même temps membres du Bureau les parents et alliés jusques et compris le degré d'oncle et de neveu [1]

2° Le Maire ne peut non plus en faire partie. Il est en effet inadmissible qu'il contrôle, comme Maire, les opérations auxquelles il aurait pris part en qualité de Marguillier [2]

Tous les autres membres du Conseil peuvent être désignés pour faire partie du Bureau, et il n'est loisible a personne de refuser sans motif. Celui qui consent à être membre du Conseil consent par la même à être membre du Bureau.

17._____ Aussitôt après sa formation première ou son renouvellement intégral, le Conseil choisit au scrutin, individuel ou de liste, les trois marguilliers électifs.

En principe, ceux-ci sont nommés pour trois ans, et leur remplacement régulier s'opère de la manière suivante : Deux d'entre eux sortent successivement, par la voie du sort, l'un au dimanche de Quasimodo qui suit la formation première du Bureau, l'autre à Quasimodo de l'année suivante. Le troisième sort de droit la troisième année. À mesure qu'ils sortent, ils sont remplacés ou réélus par le Conseil [3].

Dans la suite, ce sont toujours les Marguilliers les plus anciens qui doivent sortir et être remplacés ou réélus.

En cas de vacance par décès ou démission, l'élection se fait dans la première séance ordinaire du Conseil qui

[1] [3] - D. 30 dec 1809 . art. 10 & 16.
[2] - D. imp 13 Mai 1865.

suit la vacance, à moins que l'urgence des affaires n'o-
blige à tenir à cet effet une session extraordinaire [1].
Bien que la loi garde le silence sur ce point, on applique au Bureau la même règle qu'au Conseil; et le
nouveau Marguillier n'est élu que pour le temps d'exercice qui restait à celui qu'il remplace.

Lorsque l'élection, — normale ou accidentelle — n'a
pas été faite au temps fixé, l'Évêque nomme lui-
même le Marguillier [2].

18. ——————— Le Bureau des Marguilliers
une fois élu, renouvelé ou complété, doit immédiatement
se constituer, c'est à dire nommer son Président,
son Secrétaire, et son Trésorier. Le Conseil ne peut
intervenir dans ces élections [3]. Les membres du Bureau
ne peuvent jamais refuser de remplir celle des trois
fonctions à laquelle ils sont nommés.

Le Président peut être le même que celui du
Conseil, si ce dernier a été nommé membre du Bureau,
mais ce ne peut être le Curé ou desservant.

Pareillement, la même personne peut être à la
fois Secrétaire du Conseil et du Bureau, si elle fait
en même temps partie des deux assemblées. Mais
il est à remarquer que rien, ni dans la Jurisprudence, ni dans la nature des fonctions à remplir,
ne s'oppose à ce que le Curé soit désigné comme
Secrétaire du Bureau.

Il n'en est pas de même des fonctions de
Trésorier. Elles ne peuvent jamais être dévolues

[1] - D. min. 18 fév. 1812.
[2] - Id. 30 déc. 1809. art. 12.
[3] - Av. Comp. Int. 1833.

au Curé ou desservant de la paroisse. Chaque année, le Bureau, quand il se constitue, les confie à l'un de ses membres électifs. Nous disons le Bureau, et non le Conseil ; l'élection du Trésorier est nulle si elle est faite par le Conseil de fabrique.

§ 2. Attributions & Fonctions du Bureau.

19. ——————————— Comme nous l'avons déjà dit, c'est au Bureau qu'appartient le pouvoir exécutif dans l'administration fabricienne. En conséquence, le Décret de 1809 lui attribue l'exécution des délibérations du Conseil, et l'administration ordinaire du temporel de la paroisse.[1]

A titre d'agent d'exécution des décisions du Conseil, il assure les fournitures nécessaires au culte, veille à l'entretien et aux réparations des meubles et immeubles de la fabrique, afferme et régit les biens, soutient les procès, et, en un mot, fait toutes les opérations nécessaires à la défense des intérêts de l'Eglise, et délibérées par le Conseil.

Mais par le fait qu'il est chargé de toutes les opérations, lui seul est à même de connaître dans le détail les besoins divers de la fabrique. C'est donc à lui encore qu'il appartient de les constater, d'y pourvoir et de les soumettre, au besoin, à la délibération du Conseil. Voilà pourquoi, par exemple, c'est lui qui prépare les budgets et toutes les délibérations.

Il est pourtant des affaires que le Bureau peut décider de sa seule autorité, et sans demander un vote

---

[1] — Art. 24.

préalable du Conseil. Il peut engager toutes les dépenses
extraordinaires — c'est à dire non prévues aux différents budgets
réguliers, — lorsque ces dépenses n'excédent pas cinquante
francs dans les paroisses au-dessous de mille âmes, et cent
francs dans les paroisses d'une plus grande population [1].
Il nomme, dans les paroisses urbaines, les prédicateurs,
les sonneurs, bedeaux et autres serviteurs de l'Eglise, et
accomplit tous les actes d'administration de la fabrique,
dont il sera parlé en détail dans les chapitres suivants.

20. ———————— Il est toutefois une attribution
du Bureau dont il est nécessaire de parler dès maintenant.
Elle concerne la conservation des meubles et de l'argent de
la fabrique.

Dès le jour de sa constitution première, le Bureau
fait, sur papier libre, deux inventaires : l'un des ornements,
linges, vases sacrés, argenterie, ustensiles, et, en général, de
tout le mobilier de l'Eglise ; l'autre, des titres, papiers et
renseignements, avec mention des biens contenus dans chaque
titre, du revenu qu'ils produisent, de la fondation à la
charge de laquelle les biens sont affectés. Un double de
l'inventaire du mobilier est remis au Curé ou desservant.

Il est fait tous les ans un récolement des dits inventaires, afin d'y porter les additions, réformes et autres changements opérés pendant l'année.

Ces inventaires et récolements sont signés par le Curé
ou Desservant et par le Président du Bureau [2].

Ils sont déposés dans une caisse ou armoire, qui renferme aussi les papiers, titres et documents concernant les
revenus et affaires de la fabrique, ainsi que les comptes

---

[1] — D. 30 déc. 1809 . art. 12 & 41
[2] — ibid. art. 55.

avec les pièces justificatives et divers registres [1] qui ne sont pas d'un usage courant.

21. ——————— En ce qui concerne l'argent de la fabrique, le Bureau en est le gardien responsable. En conséquence, il doit le déposer dans une caisse ou armoire fermant à trois clefs, dont une reste entre les mains du trésorier, l'autre dans celles du Curé ou desservant, et la troisième dans celles du Président du Bureau. [2] Dans cette même caisse on dépose aussi les clefs des troncs des Églises. [3]

On ne peut donc rien retirer de ce dépôt, sans la présence simultanée des trois détenteurs de clefs. La loi exige en outre que nulle somme n'en soit extraite sans une autorisation du Bureau, et sans un récépissé qui y est déposé. [4]

Toutefois, comme le trésorier a journellement besoin d'un certain fonds de roulement pour effectuer les paiements échus, le Bureau lui remet tous les trois mois une provision convenable d'argent, en observant les formalités que nous venons d'indiquer. En retour, le trésorier est tenu de présenter, tous les trois mois, au Bureau des Marguilliers, un bordereau signé de lui et certifié véritable de la situation active et passive de la fabrique pendant les trois mois précédents. Ces bordereaux sont signés des Marguilliers présents, et déposés dans la Caisse pour être représentés lors de la reddition du compte annuel. [5]

La forme de ce bordereau est presque entièrement sem-

---

[1] — D. 30 dec. 1809 art. 55.

[2] — Ib. art. 50. Cette armoire est distincte de celle mentionnée précéd. (n° 20); mais rien n'empêche que dans les fabriques pauvres, on se contente de la seule caisse à 3 clefs.

[3] — Ib. art. 51

[4] [5] — Ib. art. 52. 53 [et] 54.

blable à celle du compte annuel. On la trouvera reproduite au Chapitre de la comptabilité. Mais pour les fabriques peu importantes, surtout quand les fonctions de comptable sont exercées par le marguillier-trésorier, ce bordereau peut être réduit aux seuls développements nécessaires pour donner à l'ordonnateur et au Bureau, une connaissance exacte de la situation des crédits ouverts à chaque article du budget. [1]

Lorsque les fonctions de comptable de la Fabrique sont remplies par un receveur spécial, ou un percepteur, comme nous l'expliquerons plus loin, celui-ci est strictement tenu de présenter son bordereau trimestriel dans la forme officielle. De plus, tous les fonds et valeurs de la fabrique lui sont remis sans qu'il y ait lieu à l'établissement de la caisse à trois clefs, ni aux formalités qui en sont la conséquence. [2]

Enfin il faut remarquer que si les fonds actuellement en possession de la fabrique sont notablement supérieurs tant aux besoins des dépenses courantes qu'aux nécessités éventuelles qui peuvent se produire extraordinairement, le surplus de ce qui est requis pour faire face à ces deux sortes de besoins est réputé fonds libre, et doit être versé en compte courant au Trésor public. Ces fonds sont productifs d'intérêts, dans les mêmes conditions que les fonds des établissements de bienfaisance [3]. – Il peut donc y avoir trois parts dans les fonds de la fabrique : l'une entre les mains du trésorier, pour les dépenses quotidiennes ; l'autre dans la caisse à trois clefs, qui constitue une réserve pour les nécessités extraordinaires, et enfin le surplus déposé au

---

[1] – Inst. min. 15 déc. 1895. art. 26.

[2] – D. 27 Mars 1893. art. 11

[3] – Ibid. art. 21.

trésor.

22. _____ Telles sont, en général, les fonctions & attributions du Bureau. Comme il doit tenir une réunion mensuelle pour les remplir, il ne sera peut-être pas inutile de présenter dans un tableau, les devoirs ordinaires des Marguilliers, propres à chaque mois.

JANVIER. _____. Dans cette séance, présentation par le trésorier et vérification par le Bureau du bordereau trimestriel de la situation active et passive de la fabrique; - évaluation des dépenses du trimestre suivant, et formation du fonds de roulement; - vérification du compte-rendu des fondations.

FÉVRIER. _____. Nomination des prédicateurs.

MARS. _____. Le trésorier et l'ordonnateur présentent au Bureau leurs comptes annuels, avec pièces justificatives. Le Bureau les examine et prépare son rapport, avec les observations utiles. En outre, il prépare le budget de l'exercice suivant. Enfin il examine les cotes des contributions imposées sur les biens de la fabrique, afin de présenter avant la fin du mois les réclamations qui seront jugées nécessaires.

AVRIL. _____. La rénovation régulière du Bureau s'étant effectuée à Quasimodo, c'est à la séance d'Avril que celui-ci se constitue par l'élection de ses officiers. Il y fait aussi le récolement annuel des inventaires dont nous avons parlé. Enfin il reçoit du trésorier le bordereau trimestriel, et lui remet le fond de roulement nécessaire pour le nouveau trimestre.

MAI. _____. Visite des édifices paroissiaux, et étude des réparations nécessaires.

JUIN. _____. Préparation des demandes de secours à la commune.

JUILLET. —————————. Bordereau trimestriel ; exécution des fondations.

AOÛT. —————————. Envoi à la commune des demandes de secours, avec pièces à l'appui.

SEPTEMBRE. —————————. Préparation des affaires qui devront être soumises à la délibération du Conseil de fabrique, en sa séance d'Octobre.

OCTOBRE. —————————. Bordereau trimestriel. — Examen des questions qui concernent les baux relatifs aux chaises, bancs & biens des fabriques.

NOVEMBRE. —————————. Visite et réparation des édifices paroissiaux. Renouvellement des baux des biens ruraux.

DÉCEMBRE. —————————. Préparation des affaires qui seront soumises au Conseil dans sa séance de Janvier.

23. —————————. Outre les séances ordinaires de chaque mois, le Bureau peut s'assembler extraordinairement, toutes les fois que la chose est utile [1]. Aucune autorisation n'est requise pour cela. Dans l'un et l'autre cas, la convocation se fait par ordre du Président, soit au moyen d'invitations individuelles, soit par une annonce au prône de la messe paroissiale.

Les séances ordinaires ont lieu un jour de dimanche, à l'issue de la messe paroissiale, ou à toute heure jugée plus commode, dans l'Eglise, la Sacristie, ou le Presbytère [2].

Les membres du bureau ne peuvent délibérer, s'ils ne sont pas au nombre de trois. En cas de partage, le Président a voix prépondérante. Toutes les délibérations

---

[1] — D. 30 déc. 1809. art. 22 & 23.
[2] — Ibid.

sont signées par tous les membres présents [1].

Le Curé ou Desservant occupe la première place, c'est-à-dire la droite du Président. Il peut se faire remplacer par un de ses vicaires.

§. 3.. Attributions propres à chaque Membre du Bureau.

1º Attributions du Président

24. _____ . Le Président résume en sa personne les attributions générales du Bureau : c'est à lui, en effet, qu'il appartient de faire exécuter, soit par le Bureau tout entier, soit par celui des marguilliers qui en est spécialement chargé, tous les actes de la gestion fabricienne.

A l'égard du Bureau, il est tenu de le convoquer, de soumettre à son examen les questions à traiter, et de diriger ses délibérations.

Il signe et certifie conforme à l'original chaque copie des titres de propriété et autres actes transcrits par le Secrétaire sur le registre-sommier [2].

Envers le Trésorier, il remplit les fonctions d'Ordonnateur, c'est-à-dire que lui seul peut donner au trésorier l'ordre d'effectuer une dépense fabricienne, et qu'aucune dépense ne peut être faite sans son ordre. A cet effet, il délivre aux créanciers de la fabrique des Ordonnances ou Mandats qui leur permettent

---

[1] _ D. 30 déc. 1809 . art. 20.

[2] _ Ibid. art. 56.

de recevoir du comptable le montant de leur créance, et qui servent à celui-ci de justification de la dépense effectuée [1]. Il doit, en conséquence, tenir une comptabilité spéciale, parallèle à celle du comptable, et dont le mécanisme sera plus facile à comprendre et à expliquer, quand nous aurons parlé du budget (Chap. IV).

Notons seulement ici que le Président doit coter et parapher le Journal à souche des Recettes et le Journal de Caisse. [2]

Il signe les inventaires et récolements du mobilier et autres pièces, dont un double doit rester entre les mains du Curé.

Enfin il signe tous les marchés délibérés par le Conseil ou arrêtés par le Bureau, et généralement tous les actes importants faits au nom de la fabrique [3].

II? Attributions du Secrétaire.

25. —————— Le Secrétaire rédige sur un registre courant toutes les délibérations arrêtées par le Bureau. Elles sont signées par tous les marguilliers présents à l'assemblée.

Il transcrit par suite de numéros, et par ordre de dates, sur un Registre-sommier :

1? Les actes de fondation et généralement tous les titres de propriété.

2? Les baux à ferme ou à loyer

La transcription se fait entre deux marges qui

---

[1] — D. 30 déc. 1809 art. 28 ; D. 27 Mars 1893. art. 26 d. :

[2] — Inst. min. 27 Mars 1893. art. 15

[3] — D. 30 déc. 1809. art. 28.

servent pour porter dans l'une les revenus et dans l'autre les charges. — Chaque pièce est signée et certifiée conforme à l'original par le Curé et par le Président du Bureau [1].

III.º Attributions du Trésorier.

26. —————— Les attributions du Trésorier sont de deux sortes : les unes *administratives*, en vertu desquelles il exécute, sous sa responsabilité personnelle, toutes les opérations exigées par la défense des intérêts fa- briciens, délibérées par le Conseil ou le Bureau ; — les autres *comptables*, qui consistent simplement à effectuer la perception des recettes et le payement des dé- penses. Il est donc à la fois *administrateur-gérant* et *caissier* de la fabrique.

Ces deux sortes de fonctions lui étaient déjà confiées par le décret de 1809.

La législation de 1892 & 1893 en a accentué la distinction et les a rendues séparables.

D'après ces derniers décrets, les fonctions de comptable de la fabrique sont ordinairement remplies par les trésoriers institués conformément aux dispositions du décret de 1809. Mais en cas de refus du trésorier, elles peuvent être confiées par le Conseil de fabrique à une personne désignée en dehors du Conseil et qui prend le titre de *Receveur-spécial* de la fabrique. Plusieurs fabriques peuvent avoir le même receveur- spécial, pourvu qu'elles appartiennent au même canton.

A défaut du trésorier et d'un receveur-spécial,

[1] — D. 20 déc. 1809. art. 56.

les fonctions de comptable de la fabrique sont remplies par le percepteur de la réunion dans laquelle est située l'Eglise paroissiale ; et dans les villes divisées en plusieurs arrondissements de perception , par le percepteur désigné par le Ministre des Finances [1].

27. _____ Il y a sur cela deux remarques à faire , toutes deux très importantes pour la sauvegarde de l'autonomie de l'administration fabricienne.

La première est que le choix du comptable appartient toujours à la fabrique : « Les conseils de fabrique, dit le décret du 27 Mars 1893 , peuvent toujours décider que la gestion de leurs deniers qui se trouverait confiée à un percepteur, sera remise à un receveur spécial . Ils peuvent de même décider que la gestion qui serait confiée à un receveur spécial ou à un percepteur sera remise au marguillier - trésorier . Les délibérations qu'ils peuvent prendre en ces deux cas ne sont exécutoires qu'en fin d'année ou de gestion . » [1] En conséquence , le Préfet ne peut , de concert avec le trésorier - payeur général , investir le percepteur des fonctions de comptable , que dans le cas où la fabrique n'a pu trouver dans son sein un trésorier , ou en dehors d'elle , un receveur spécial qui consente à s'en charger [2]

La seconde est que les fonctions de Receveur spécial des fabriques ne sont nullement incompatibles avec l'exercice d'une profession , d'un commerce ou d'une industrie quelconque [4]. Dans le cas où une fabrique

---

[1] - D. 27 Mars 1893. art. 5.

[2] - Ib. art. 9

[3] - Ib. art. 7

[4] - Ib. art. 8.

ne pourrait trouver dans son sein un trésorier capable de remplir les fonctions de comptable, elle pourrait donc faire appel au dévoue. ment et à la compétence d'un prêtre, autre que le Curé de la paroisse, par exemple d'un vicaire ou d'un curé du voi. sinage.

28. _____. Lorsque les fonctions de comp. table de la fabrique sont confiées à un receveur spécial, ou à un percepteur, le marguillier - trésorier cesse d'être soumis aux obligations propres de comptable ; mais il conserve toutes les autres attributions qui lui sont dévolues par la législation antérieure. (¹)

Nous allons résumer brièvement les unes et les autres.

A. Attributions administratives du Trésorier.

29. _____. Le Trésorier est chargé d'as. surer la conservation des biens, et la rentrée des revenus de la fabrique. - C'est ainsi qu'il fait tous les actes conservatoires nécessaires au maintien des droits de la fabrique, passe les baux à ferme ou à loyer, procède à la location des bancs et chaises, fait les démarches opportunes pour l'obtention de secours des communes, etc. etc

Il doit en second lieu exécuter toutes les charges qui incombent à la fabrique. - Il fait les marchés pour fournitures des objets nécessaires au culte, assure le service des fondations, dirige les travaux de répa. ration aux édifices paroissiaux, etc.

Il est exempt de la comptabilité proprement financière, quand

(¹) - Rw. art. 6.

il est déchargé des fonctions de comptable : mais il conserve dans tous les cas ses attributions sur la préparation du budget : le receveur spécial et le percepteur ne pouvant jamais y intervenir.

Enfin il fait tous les actes importants d'acquisition ou d'aliénation pour le compte de la fabrique, soutient les procès en son nom, et la représente partout avec le président du bureau, dans les relations avec les tierces personnes [1].

30. —————————. Toutes ces fonctions constituent pour le trésorier une véritable charge : Outre les soins et le temps qu'exige leur parfait accomplissement, il y a pour le trésorier une responsabilité légale personnelle de pertes provenant de sa négligence ou de quelque faute grave de sa part.

Mais il convient de remarquer que ces fonctions sont *gratuites* Elles nécessitent par conséquent de sa part un dévouement qu'il est juste de prendre en considération, avant d'exiger des dédommagements pécuniaires pour les pertes occasionnées par sa négligence. [2]

B Attributions comptables du Trésorier

31. —————————. Ces attributions consistent essentiellement dans la gestion des deniers fabriciens, c'est à dire, dans la réalisation des paiements et recouvrements des deniers de la fabrique.

Le comptable de la fabrique, quel qu'il soit, est chargé seul, et sous sa responsabilité, de faire toutes les diligences pour assurer la rentrée des sommes dues

---

[1] – D 30 déc. 1809 . passim
[2] – Bort Encyclopéd. trésorier. 6 –

à cet établissement, ainsi que d'acquitter les dépenses mandatées par le Président du Bureau des Marguilliers, jusqu'à concurrence des crédits régulièrement ouverts[1]

Pour les Recettes, le comptable recouvre les produits aux échéances déterminées par les titres de perception ou par l'ordonnateur, emploie, au besoin, la contrainte judiciaire contre les débiteurs récalcitrants et avisé quittance des sommes perçues etc[2].

Pour les Dépenses, il n'en effectue aucune que sur mandat de l'ordonnateur, et lorsque toutes les conditions prescrites par la loi se trouvent réalisées etc.[3]

Le détail de toutes ces fonctions embrasse tous les actes de la comptabilité fabricienne. Il nous sera plus facile de l'étudier au Ch. IV, quand nous expliquerons l'ensemble de cette comptabilité.

32. _____ Mais il faut noter dès maintenant que la gestion des deniers de la fabrique entraîne pour le comptable une responsabilité légale et morale assez lourde. La législation nouvelle exige de lui, en conséquence, plusieurs garanties.

La première est le serment professionnel, que les trésoriers, marguilliers et receveurs spéciaux prêtent, avant d'entrer en fonctions, devant le conseil de fabrique. La prestation de serment est constatée sur le registre des délibérations du Conseil de fabrique; quand un nouveau trésorier ou régisseur présente, pour la première fois, son compte annuel, il doit y joindre un certificat, signé du président du Conseil, et portant constatation que le serment

---

[1] - D. 2. Mars 1803. art 2.

[2] - Inst. min. 15 déc. 1893. art 18. 19. 20. 21. _ etc

[3] - Id. art. 22 etc.

a été prêté [1]. Les percepteurs ne prêtent point de serment spécial, attendu qu'ils ont déjà prêté, avant d'entrer en fonctions, un serment analogue. [2]

33. ———————— La deuxième garantie exigée des comptables et le Cautionnement. Le trésorier-marguillier en est toujours exempt : mais les receveurs spéciaux et percepteurs y sont strictement soumis [3].

Le montant du cautionnement, qui ne peut être inférieur à 100 fr. est égal à trois fois la moyenne des remises allouées au comptable, telle qu'elle résulte des trois derniers comptes de gestion présentés. Il est calculé en sommes rondes de 100 fr ; les fractions supérieures à 50 fr. sont élevées à 100 fr : les fractions inférieures à 50 fr. sont négligées [4].

Le cautionnement est établi soit en rentes immobilisées sur l'État, soit en numéraire. Dans ce dernier cas qui sera apparemment le plus commun, le montant en est versé soit à la Caisse des Dépôts et Consignations, par l'intermédiaire du préposé de cette Caisse (receveur des finances ou percepteur) qui réside au chef-lieu d'arrondissement, soit, avec l'autorisation du Préfet, à la caisse des Monts-de-Piété. Celui que fournissent les percepteurs doit être versé au Trésor [5]

Le cautionnement est rendu au receveur ou à ses ayants-cause moyennant la production d'un certificat du Président du Conseil de fabrique constatant que les derniers comptes

[1] - Inst. min. 15 déc 1893 art. 15

[2] - D 24 Mars 1893 art 16

3] - ibid art 15

[4] - ibid.

[5] - ibid. art 17. &.

sont définitivement apurés et soldés, et que le receveur est libéré de toute responsabilité [1].

34. _____ Enfin la troisième garantie prise sur les comptables fabriciens est l'hypothèque légale sur tous leurs biens présents et à venir. Toutefois elle n'est inscrite et n'a d'effet réel, que si l'inscription est autorisée par une décision spéciale du juge de leurs comptes, et seulement dans les cas de gestions occultes, condamnations à l'amende pour retards dans la présentation des comptes, malversations, débets avoués ou résultant du jugement des comptes [2].

On peut obtenir du juge des comptes que le chiffre de l'inscription hypothécaire soit réduit, ou que l'inscription même soit transférée sur d'autres biens [3].

35. _____ Telles sont les mesures préventives prises par la législation civile contre les malversations possibles du comptable de la fabrique.

En retour, elle lui alloue, - sauf quand le trésorier est lui-même comptable, car ses fonctions sont toutes gratuites, - des remises calculées d'après les recettes ordinaires et extraordinaires réalisées pendant l'exercice et sur les bases suivantes :

Sur les premiers 5000 fr., à raison de 4 pour 100 ;
Sur les 25 000 fr. suivants, " 3 pour 100,
Sur les 70.000 fr. suivants, " 1,50 pour 100,
Sur les 100.000 fr. suivants jusqu'à 1.000 000, 0,66 pour 100,
au delà d'un million de fr. 0.211 pour 100.

Lorsque les fonctions de comptable sont remplies par un

---

[1] - D. 27 Mars 1893. art. 47
[2] - Ib. art. 17
[3] - Ib.

receveur spécial, les allocations qui lui sont faites peuvent être inférieures au tarif ci-dessous, mais non supérieures [1].

36 ——————— Nous avons dit que le comptable de la fabrique est chargé seul et sous sa responsabilité, des recettes et des dépenses de cet établissement. Le décret de 1893, qui formule ce principe, prévoit cependant des exceptions, et l'établissement de régisseurs de recettes et de dépenses distincts du comptable.

Un Régisseur de recettes peut être établi pour la perception des oblations tarifiées ou quêtes et droits sur les chaises ou autres dus à la fabrique à l'occasion des cérémonies du culte, conformément aux tarifs légalement approuvés. Le décret précité permet de confier cette charge au Curé ou Desservant, ou à un Ecclésiastique délégué par lui [2].

On pourrait aussi, ce semble, la confier à l'un des serviteurs ordinaires de l'Eglise, comme il est d'usage dans les paroisses importantes.

Le Régisseur des Dépenses peut être le trésorier - marguillier lui - même, lorsque les fonctions de comptable sont remplies par un receveur spécial ou par un percepteur [3]. Mais lorsque ces mêmes fonctions sont remplies par le trésorier - marguillier, le Conseil de fabrique peut désigner un régisseur de dépenses à son choix. Il nous semble que dans l'un et l'autre cas, le Curé serait avantageusement désigné [4].

Les dépenses qui peuvent être effectuées par le régisseur sont strictement déterminées par les dispositions du décret de 1893 et de l'instruction ministérielle du 15

---

(1) - Décret. 27 Mars 1893. art. 14
(2) (3) - Ib.   art. 3 § 4
(4) - L'art. 25 de l'inst. min. le suppose.

Décembre de la même année.   Ce sont : –

1°. Les dépenses pour les objets de consommation et frais ordinaires du Culte. (art. 1 du Budget)

2°. Les dépenses pour frais d'entretien du mobilier

3°. Les frais d'administration

4°. Le régisseur peut être chargé, en outre, de payer sur émargement les traitements et salaires des Vicaires, prêtres attachés, officiers et serviteurs de l'Église.[1]

§1: Attributions du Curé ou Desservant.

37. ———————— Outre les fonctions qui peuvent lui être confiées avec le titre de Secrétaire ou de Régisseur des Recettes et Dépenses, le Curé en a d'autres qui lui appartiennent en vertu de sa qualité même de Curé.

Il est, en effet, administrateur des biens de fabrique, à l'instar du trésorier, mais avec cette différence que ses attributions se concentrent presque exclusivement dans l'intérieur de l'Église, au lieu de s'appliquer aux relations de la fabrique avec les tierces personnes.

C'est ainsi qu'il fait procéder aux sonneries religieuses[2], acquitte les fondations pieuses et rend compte au bureau de leur exécution[3], fait placer les bancs & chaises, ou du moins peut s'opposer, avec effet suspensif, à un placement qu'il jugerait ne pas convenir [4]

---

[1] – D. 24 mars 1893 art. 4. ; Ins. min. 15 dec. 1893. art. 25

[2] – L. 5 avril 1884. art. 100

[3] & [4] – D. dec. 1809 . art. 26 & 30.

signe les inventaires et récolements du mobilier et des titres,
et en reçoit un double [1], signe et certifie conformes aux
originaux toutes les copies de pièces et de documents portées par le secrétaire sur le registre-sommier, est
détenteur de l'une des trois clefs de la caisse etc...

De même, étant seul en situation de savoir
exactement tout ce qui est nécessaire à la célébration
du culte, il présente chaque année au Bureau un
État de Dépenses intérieures [2] qui contient le chiffre
présumé auquel pourront s'élever, dans le cours de
l'exercice, les dépenses nécessitées par l'achat des objets de consommation courante et par la réparation
et l'entretien des meubles, ornements et ustensiles de
l'Église. Cet état, après avoir été, article par article,
approuvé par le bureau, est reporté en bloc et
inséré dans le projet du budget général ; le détail
de ces dépenses est annexé audit projet [3].

---

(1)(3)- D. Dec. 1809. art. 55 § 55
(2) - On pourrait employer le modèle suivant :

N°s	Nature des Dépenses	Sommes		Observations
		fr.	cent.	
	CH. I. Objets de consommation			
1.	Pain d'Autel …	"	"	
2.	Vin _ _ _ _	"	"	
3.	Huile _ _ _	"	'	
4.	_ _ _ _ _	"	"	
	CH. II. Entretien du Mobilier			
"	& des Ornements			
	Total _	"	"	
		"	"	

38. _____ Enfin le Curé a autorité sur toutes les personnes employées au service de l'Eglise.

Il agrée les prêtres habitués et leur assigne leurs fonctions [1]. Les prédicateurs ne sont nommés que sur sa présentation [2].

Dans les paroisses rurales, il nomme et révoque les sacristains, chantres, sonneurs ; et dans les villes, il propose à la nomination du Bureau tous les serviteurs et officiers de l'Eglise [3].

---

[1] — D. 1809   art. 30
[2] —   Ibid   art. 32
[3] —   Ibid.   art 33. Ord. 12 Janvier 1825 . art. 7.

CHAPITRE II.

—

BIENS et RESSOURCES

des Fabriques

—

38. ——————— Sous ce titre nous comprenons tous les objets qui constituent le domaine des fabriques, et les recettes de toute nature qui leur appartiennent.

Parmi ces recettes, il faut faire une distinction entre les recettes de capitaux (legs, donations, emprunts, etc.), et les recettes de revenus. Celles-ci seules doivent figurer au budget ordinaire de la fabrique, et celles-là forment la base du budget extraordinaire. Pour plus de clarté, nous renvoyons au chap. V tout ce qui concerne les recettes extraordinaires.

Les recettes ordinaires, qui font l'objet du présent chapitre sont les suivantes : 1° Le produit des immeubles, 2° le produit des titres de rentes, 3° le produit de la location des bancs et chaises, 4° les oblations; 5° le produit des droits sur les services religieux 6° les secours accordés à la Fabrique par la Commune, le Département, ou l'État.

De là, six articles dans ce chapitre.

Article Ier

Des Immeubles de la Fabrique

Cinq paragraphes : 1. Des Immeubles de la Fabrique en général ; — 2. De l'Église ; — 3. Du Presbytère ; — 4. Du jardin du presbytère ; — 5. Des autres biens fonds.

§ 1. Des Immeubles en Général.

33.——————— Le domaine des Fabriques comprend deux catégories d'immeubles : 1. les immeubles qui avaient appartenu avant la Révolution aux établissements ecclésiastiques, et dont elles ont recouvré ou obtenu la possession, à la suite du Concordat : 2. les biens acquis plus tard, de tierces personnes, par les voies ordinaires de transmission (ventes ou donations) dont il sera parlé au chapitre V.

Les biens de la première catégorie appartiennent aux Fabriques en vertu de l'article organique 75, du décret impérial du 7 Thermidor an XI et du décret de 1809, art. 36. Ils se divisent, d'après leur origine, en trois classes :

1. Les Biens restitués aux Fabriques — Ces biens avaient appartenu autrefois aux Fabriques, et n'étaient pas encore aliénés à l'époque de la Restauration en France. Ils fu-

rent restitués à ces mêmes Fabriques, par des arrêtés spéciaux des Préfets en exécution du décret du 7 Thermidor an XI.[1]

2°.- Les Biens attribués aux Fabriques.- Ceux-ci avaient appartenu précédemment à des églises supprimées pendant la Révolution, et non rétablies. Le gouvernement les attribua aux églises conservées dans l'arrondissement desquelles ils se trouvaient et les Préfets prirent les arrêtés nécessaires pour l'envoi en possession.[2]

3°. Les Biens célés au Domaine.- La qualification de biens célés s'applique à tous les biens provenant du clergé, des corporations supprimées, des Établissements publics, etc. dont la Régie des domaines avait ignoré l'existence, ou qu'elle avait négligé d'inscrire sur ses registres. Le décret de 1809 les attribua aux Fabriques, sauf pour celles-ci à se faire envoyer en possession de ces biens par arrêté préfectoral. Un grand nombre d'immeubles leur furent ainsi concédés tant que la prescription acquise par les possesseurs n'eut pas dressé d'obstacle invincible à leurs revendications.[3]

Cette distinction des biens des Fabriques d'après leur origine est encore aujourd'hui conservée partiellement dans les formules de budgets non-seulement pour les immeubles mais encore pour les rentes (N°s 1 2. 3. 4. 5 et 6 du Chap. des Recettes.)

40 _____ Une question se pose qui est d'une importance très grande pour le présent, et plus grande encore pour l'avenir, celle de savoir à qui appartiennent les biens possédés, à des titres divers, par les Fabriques.

Les églises, les presbytères et jardins attenant affectés au service du culte catholique, en exécution de l'article 12 du Concordat et de l'art. 72 de la loi organique, sont considérés comme propriétés communales. Ainsi en a décidé un avis du Conseil d'État en date

---

1) - D. 7 Therm. an XI. art. 4

(2) - Ibid. art. 3

(3) - D. 30 déc. 1809 . art 95

du 6 pluviose au XIII.[1] Toutefois les églises cathédrales et métropolitaines appartiennent à l'État et font partie du domaine public national [2]

Il en est autrement des églises et presbytères acquis, depuis le Concordat, par les Fabriques, soit qu'ils aient été payés sur les ressources de leurs budgets, soient qu'ils aient été construits au moyen de subsides volontaires des fidèles, soient enfin qu'ils aient fait l'objet de libéralités entre vifs ou testamentaires. On ne saurait nier, en effet, que les Fabriques les aient fait entrer dans leur domaine par l'usage légitime de la capacité légale qui leur est conférée

Quant aux immeubles de rapport, ils sont tous des propriétés fabriciennes, aussi bien ceux qui proviennent de l'ancien domaine ecclésiastique, que ceux acquis plus tard à titre gratuit ou onéreux Ils peuvent être vendus, aliénés, échangés à la convenance et au profit des Fabriques, sous la réserve de l'autorisation préalable du chef de l'État.[3]

41 _____ Il résulte de ces distinctions une conséquence fort importante dans la pratique Quand la question de propriété est mise en jeu pour les immeubles dont la Commune est propriétaire, la Fabrique ne peut rien décider sans le consentement de la Commune. Son avis seulement est exigé quand la Fabrique elle-même est considérée comme propriétaire

Mais dans l'administration ordinaire, pour les uns comme pour les autres, la Fabrique seule a qualité pour agir, sous le contrôle et la tutelle de l'autorité supérieure.

S. 2. De l'Église

42 _____ Il convient de distinguer d'abord

---

[1] - Circulaires et actes relatifs aux Affaires ecclésiastiques T. I p. XXXIII Conseil d'État juillet 1889 circ T V p 50.

[2] - Ducrocq n: 1580.

[3] - Déc 30 déc 1809 art 62.

entre les églises même et les bâtiments servant d'habitation qui leur seraient adossés. Ceux-ci, bien qu'appartenant à la Fabrique, sont soumis en tout aux règles du droit commun, au même titre et dans la même mesure que les autres biens-fonds.

Les églises, au contraire, quel que soit le nom qu'on leur donne Cure, Chapelle ou Annexe, tant qu'elles conservent leur destination publique, sont hors du commerce, c'est-à-dire, qu'on ne peut acquérir sur elles aucun droit de propriété privé. [1]

On ne peut donc les vendre, ni les louer, ni faire aucun acte portant transmission de propriété ou de droit, elles sont imprescriptibles.

43. Le principe de l'imprescriptibilité s'applique non seulement à l'édifice lui même, mais à toutes ses parties intégrantes et dépendances, savoir:

Aux piliers extérieurs ou contreforts, et aux espaces compris entre eux; [2]

Aux chapelles qui en dépendent;

Aux passages ou ruelles qui y donnent accès.

En un mot, à tout ce qui est indispensable au libre usage de l'Église

En conséquence, les Églises et leurs dépendances ne sont point soumises aux règles de la mitoyenneté, ni à aucun genre de servitude. Un particulier ne pourrait adosser à leurs murs aucune construction, et si la chose avait été faite, même depuis plus de trente ans, la Fabrique pourrait en requérir la démolition. [3]

44. Bien plus, d'après un avis du Conseil d'État, du 20 déc. 1806, approuvé par l'Empereur le 25 Janv. 1807 on doit réserver dans les Communes rurales devant et autour des Églises, sur les terrains des anciens cimetières qui seraient à

---

(1) Cass 1 déc 1823 . 10 avril 1825
(2) Cour de Paris, 18 Fév. 1851 . &
(3) Cass. 5 déc. 1838 &.

fermés ou aliénés, une place et un Chemin de Ronde, qui serve de processionnal. Sur ces terrains réservés, les voisins ne peuvent ouvrir ni passage, ni fenêtre, attendu que ce ne sont pas des voies publiques.

Mais si le chemin de ronde n'a pas été établi, les propriétaires riverains peuvent exercer librement tous les droits afferents à leur propriété.

45 _____ Si telle est la protection accordée par la loi aux dépendances mêmes de l'Eglise, on ne s'étonnera pas des prohibitions minutieuses qui sont destinées à prévenir toute acquisition privée dans l'intérieur de l'édifice.

Il est défendu d'y placer des monuments funéraires ou des inscriptions, à moins d'une permission du Ministre des Cultes, accordée sur la proposition de l'évêque ; permission qui d'après la jurisprudence administrative, ne s'accorde qu'en faveur de personnages ayant rendu de grands services à l'Eglise, ou à l'Etat, ou en raison de libéralités représentant au moins dix francs de revenu net, en rentes ou en fonds[1].

Il est interdit d'inhumer dans les Eglises, et la Fabrique ne pourrait céder une chapelle ou un caveau pour sépulture de famille.

L'apposition de plaques commémoratives, d'armoiries sur murs ou vitraux, même en l'honneur d'un bienfaiteur, doit toujours être autorisée[2].

§.3. Du Presbytère.

46 _____ Le curé a droit à un presbytère, ou, à défaut de presbytère à un logement, ou à défaut de presbytère et de logement, à une indemnité pécuniaire[3].

+ Déc. min. 11 Déc 1812.

[2] Voir pour plus amples détails Bost. Encyclopédie, Eglise).

[3] D. 30 Déc 1809. art 37.92.

La charge de fournir au curé un presbytère, un logement ou une indemnité pécuniaire, incombe à la Fabrique directement et en premier lieu. Secondairement, c'est à dire lorsque la Fabrique ne peut, en aucune façon, pourvoir au logement du curé, cette charge retombe sur la commune, et celle-ci ne peut s'y soustraire.[1]

Mais on remarquera, que d'après un avis du Conseil d'État du 21 Avril 1839, l'indemnité de logement ne constitue pas au profit du curé ou desservant une dette civile dont les tribunaux puissent déterminer la valeur et régler le paiement. Cette indemnité est une affectation faite à un fonctionnaire ecclésiastique pour un service public, et sous ce rapport il n'appartient qu'à l'autorité administrative d'en régler l'étendue et les effets.[2]

Lors donc qu'il existe un presbytère, il doit être affecté au logement du curé. La Fabrique ne pourrait lui donner une autre destination. Mais s'il avait été donné à la commune, sans condition spéciale, le conseil municipal pourrait, avec l'autorisation de l'Autorité supérieure, le consacrer à un autre service public.[3]

À plus forte raison pourrait elle distraire une partie superflue d'un presbytère, et y établir un service communal.

Mais il faut toujours que la partie réservée à l'usage du curé soit suffisante pour lui assurer un logement convenable.[4]

En toute hypothèse, d'ailleurs, le conseil municipal doit obtenir l'autorisation nécessaire, du Préfet seulement, si l'Évêque diocésain consent à la désaffectation, et du Gouvernement, le conseil d'État entendu, lorsqu'il y a opposition de l'autorité diocésaine.[5]

47 _____ On voit par là que deux et souvent

---

[1] L. 5 Avril 1884, art 139. — 4:11.

[2] Circ. T V p.99

[3] L. 5 Avril 1884 art 68. — 4:5

[4] Post. v. c. Distraction

[5] Conseil d'État, 1 Avril 1873 (R. du Culte. I p 197).

trois personnes peuvent exercer des droits sur le presbytère.

La Commune quelquefois, à titre de nu-propriétaire, intervient dans tous les cas où le droit de propriété est atteint ou mis en jeu.

La Fabrique toujours intervient pour représenter le propriétaire, et en exercer les droits dans l'administration ordinaire. Elle est, en effet, exclusivement chargée de veiller à l'entretien et à la conservation des bâtiments curiaux, lors même que la Commune serait seule propriétaire.

Le Curé enfin en a l'usage personnel, à l'instar d'un locataire ordinaire. Toutefois, à la différence de ce dernier, il ne peut ni louer son presbytère, en tout ou en partie, ni le céder à un tiers, ni en tirer un lucre quelconque [1].

Ses droits sont d'une nature spéciale et rentrent plutôt sous l'empire des règles du droit administratif que sous l'empire des règles du droit civil : le Curé est bénéficiaire d'une affectation consentie, conformément aux lois de l'ordre politique, dans l'intérêt d'un service public, au profit de titulaires de fonctions afférentes à ce service. Aussi peut-on constater chez les dépositaires de l'autorité civile une tendance à interdire aux Curés, dans l'usage des presbytères, tout acte qui paraîtrait perdre le caractère d'usage personnel [2].

Pendant la vacance des succursales, les Curés desservants et Vicaires chargés par l'Evêque des fonctions d'administrateur ont droit pendant un an à l'usage des presbytères et dépendances de ces succursales.

Passé ce délai, les presbytères et leurs dépendances peuvent être amodiés par la Commune ou par la Fabrique et à leur profit, suivant qu'ils sont la propriété de l'un,

_____

(1) – D. min. 8 oct. 1858.
(2) – Circ. E. V. p. 55.

et de l'autre.

Le bail de location, en ce cas, doit toujours contenir une clause de résiliation immédiate pour le cas où un Curé ou Desservant viendrait à être nommé. [1]

18. _____ La fabrique et, à son défaut, la commune, subit toutes les obligations propres aux propriétaires d'immeubles, et est tenue aux *grosses réparations*, c'est à dire à celles qui ne sont occasionnées que par la vétusté, le simple usage, ou une force majeure.

Le Curé, pour la même raison, doit faire à ses frais, toutes les *réparations locatives*, ou de menu entretien. On désigne sous ce nom celles que l'on doit supposer avoir été rendues nécessaires par la faute du locataire lui-même, comme serait le remplacement d'une vitre cassée, la réparation d'un pavé descellé ou d'une serrure faussée etc. [2]

Il importe donc de bien établir la cause des dégradations qui se produisent, et, par là, la nature des réparations à faire.

C'est pourquoi, lors de la prise de possession du Curé, il doit être établi, aux frais de la Commune, et à la diligence du Maire, un état de la situation du Presbytère et de ses dépendances.

§ 4. _ Du Jardin du Presbytère.

19. _____ L'article organique 72 a ordonné que les presbytères et les "Jardins attenants" non alié-

---

[1] _ D. 9 avril 1908. art. 1.

[2] _ D. 30 dre 1809 ; _ Code civil art. 1754, 1755.

niés, fussent rendus aux Curés et Desservants. A défaut de ces presbytères, les municipalités sont autorisées à leur procurer un logement et un jardin. Diverses lois mettent à la charge des fabriques et des Communes le logement ou l'indemnité de logement ; mais nulle part l'obligation de fournir un jardin n'est exprimée.

Le Curé ne peut donc pas exiger qu'on le lui procure. Mais s'il en existe un, la fabrique ne doit pas lui en refuser la jouissance. La Commune seule, et seulement dans le cas où elle l'aurait acquis de ses deniers ou reçu en don, pourrait le désaffecter ou en distraire une partie pour les besoins d'un service public, sauf pour elle à demander l'avis de l'Évêque et le consentement de l'autorité civile supérieure, c'est à dire du Préfet ou du Chef de l'État, selon que l'Évêque donne ou non son avis conforme.

50. _____. Les droits et les devoirs de la fabrique au sujet du jardin sont les mêmes que ceux qu'elle exerce sur le Presbytère et l'Église.

Ceux du Curé sont entièrement assimilables à ceux du locataire. Il a par conséquent la propriété de tous les fruits naturels ou industriels du jardin. Les arbres fruitiers qui meurent ou sont arrachés lui appartiennent pareillement, à la charge toutefois de les remplacer par d'autres. Quant aux charges qui lui incombent, ce sont également celles que le droit commun attribue au locataire : réparations d'entretien, frais des procès qui concernent la jouissance, obligation de remettre, à sa sortie, les choses en l'état où elles étaient à l'entrée etc.. C'est pourquoi, à chaque mutation de titulaire, il doit être fait un état du jardin[1], comme du presbytère, avec indication des instru-

_____

(1) - D. 6 Nov. 1813. art. 20.

ments d'exploitation s'il y en a.

Le Curé qui passe dans une autre paroisse, ne peut pas enlever les arbres qu'il aurait lui-même plantés dans le jardin presbytéral, car ils sont devenus une partie intégrante du sol.

§. 5 - Des autres Biens-fonds de la Fabrique.

51. _____. Outre l'Église et le Presbytère avec ses dépendances, qui ne lui donnent aucun revenu, la fabrique possède parfois des immeubles de rapport, soit qu'ils lui aient été restitués ou attribués en vertu du Décret du 7 Thermidor an XI, soit qu'ils lui aient été donnés depuis par donation entre-vifs ou testamentaire.

D'après les Articles organiques 73 et 74, la fabrique ne pouvait acheter ni accepter un immeuble, qu'à la charge de le vendre, et d'en placer le prix en rentes sur l'État. Mais la loi du 2 janvier 1817 [1] non encore abrogée, permet à tout établissement ecclésiastique reconnu par la loi, d'acquérir ou d'accepter, avec l'autorisation du Chef de l'État, tous les biens immeubles, meubles ou rentes qui lui seront donnés par actes entre-vifs ou de dernière volonté. Le gouvernement, depuis plusieurs années, sans vouloir apporter aucune modification à la législation de 1817, est revenu à la pratique de la loi de germinal: en fait, il n'autorise la fabrique à accepter un immeuble, que si elle sollicite en même temps l'autorisation de le vendre et d'en employer le prix à l'achat

---

[1] - art 1 § 2.

de rentes sur l'État. Il n'y a d'exception que pour les immeubles destinés à l'établissement ou l'agrandissement de l'église
ou du presbytère.

      52. —————. Les droits et devoirs de la fabrique
sur les immeubles sont les mêmes que ceux du propriétaire.
Elle doit les administrer « en bon père de famille », et a qualité
pour défendre les droits et intérêts qui y sont afférents.
Elle peut les administrer de deux manières : par régie, lorsqu'elle
se charge de les exploiter elle-même directement, et par ferme,
lorsqu'elle les loue ou les donne à bail. Nous parlerons des
baux au chapitre V.

      Quant à la régie, comme ce mode d'administration
peut entraîner des abus, la fabrique ne peut y recourir
sans une autorisation spéciale. Lorsque le revenu des biens
n'excède pas 1000 fr., l'autorisation est donnée par le
Préfet, si ce revenu est au-dessus de 1000 fr., elle est
accordée par le Ministre des Cultes, et, au-delà de 2000 fr.,
par décret du chef de l'État [1].

Article II.

Des Rentes

———

On appelle *Rente* le revenu que produit annuellement
un capital quelconque.

---

[1]. — BOST : Encyclopédie.

La législation de 1817 permettait aux fabriques de constituer des rentes sur particuliers, et de recevoir des valeurs sur les établissements industriels ou financiers ; la jurisprudence actuelle ne permet plus que les rentes sur l'État, et les comptes-courants au Trésor.

Laissant de côté ce qui regarde les valeurs industrielles, nous expliquerons seulement en quelques mots les trois autres modes de placement.

§.1. Rentes sur Particuliers.

53. _____ La constitution de rente sur particuliers est le prêt d'un capital mobilier ou foncier dont le prêteur s'interdit de demander la restitution, et en échange duquel l'emprunteur s'engage à payer un intérêt que l'on désigne sous le nom d'arrérages de rente. Le taux ne peut dépasser 5 %.

La rente perpétuelle est essentiellement rachetable, en ce sens que le débiteur de la rente peut toujours rembourser le capital au créancier, tandis que celui-ci ne peut exiger ce remboursement. Toutefois, si le débiteur de la rente cesse pendant deux ans de payer les arrérages, ou qu'il refuse de fournir au créancier les garanties promises lors du contrat, — une caution, par exemple, — il peut être contraint de rembourser la somme avec laquelle la rente perpétuelle a été constituée.

Le capital devient également exigible en cas de faillite ou de déconfiture du débiteur [1].

---

(1) - Code civil, 1909 - 1910 - 1911 - 1912. - Morel.

54. _____ La rente sur particulier a l'inconvénient très grave d'être soumise, lors du décès du débiteur, à la division entre les héritiers de celui-ci ; ce qui rend la perception des arrérages difficile et dispendieuse, et met souvent en péril le capital de garantie lui même. Aussi les fabriques n'ont jamais pu adopter ce mode de placement de leurs capitaux qu'avec l'autorisation du gouvernement, et seulement pour des raisons très graves. Aujourd'hui du reste, la Direction des Cultes s'oppose absolument à toute constitution de rente sur particuliers.

55. _____. Quant à celles qui existent depuis longtemps, on peut les conserver si on le juge utile. Le paiement des arrérages peut se faire de deux manières: au domicile du Créancier ou au domicile du Débiteur. Dans le premier cas, la rente est dite portable, dans le second, elle est quérable.

Dans l'un et l'autre cas, elle doit être payée intégralement, sauf la retenue du cinquième des arrérages pour l'impôt foncier dont sont frappées les rentes antérieures à 1807. Mais si la rente est affectée à des fondations de services religieux, la retenue du cinquième n'a jamais lieu (¹).

§.2 Des Rentes sur l'État.

56. _____. On appelle Rente sur l'État une rente perpétuelle dont l'État est le débiteur. Elle est constatée, d'un côté par une inscription au Grand

---

(¹) - Cass. 19 janv. 1825.

Livre de la Dette publique, et de l'autre par une reconnaissance appelée *titre de rente*, qui est délivrée au créancier.

Les titres de rente sont *nominatifs*, *au porteur*, ou *mixtes*.

Les titres mixtes sont des titres nominatifs garnis de coupons au porteur, tandis que les deux autres espèces de titres ont des coupons nominatifs ou au porteur, suivant qu'ils sont eux-mêmes nominatifs ou au porteur.

Les valeurs industrielles sont pareillement nominatives, au porteur ou mixtes. Comme elles sont soumises à des règles analogues à celles qui régissent l'administration ordinaire des rentes sur l'État, et que d'ailleurs le Ministère des Cultes n'autorise plus à acquérir que des rentes sur l'État, nous ne parlerons que de ces dernières.

57. _____. Les avantages de ce mode de placement sont sérieux et connus : sécurité aussi complète que possible du capital, grande facilité pour le recouvrement des arrérages, exemption d'impôts et de frais de gestion.

La gestion elle-même est extrêmement simple : elle consiste uniquement à percevoir le montant des coupons aux échéances fixées, et à faire renouveler le titre quand la série des coupons est épuisée. Pour ces deux opérations, il suffit de s'adresser à la Recette des Finances au chef-lieu d'arrondissement.

De plus, au cas de perte d'un titre nominatif (les fabriques ne sont plus autorisées à en acquérir d'autres), il est très facile de le recouvrer. Il suffit pour cela de se présenter à la Trésorerie ou à la Recette particulière, dont le Directeur, après avoir constaté l'identité du réclamant, transmet la demande au Ministère des Finances. Là, le Directeur de la Dette publique, au vu du

Grand-Livre, fait expédier un *duplicata* qui remplace à tous égards le titre perdu, volé ou détruit. Ce duplicata porte le même numéro que le titre originaire, avec la mention qu'il est délivré par duplicata ; et le titre perdu est, dès lors, frappé de déchéance.

Quand le titre perdu est au porteur, l'administration des Finances ne délivre un duplicata au propriétaire dépouillé qu'après l'échéance du terme courant, moyennant le versement d'un cautionnement, et seulement sur la présentation d'un procès-verbal par lequel le Maire de la Commune constate et certifie que le propriétaire du titre a déclaré, en présence de deux témoins, la perte dont il a été victime. Ces formalités remplies, elle paye les arrérages à leurs échéances ; et, après vingt ans écoulés sans que le porteur du titre originaire se soit présenté à ses guichets, elle restitue le cautionnement.

Quant aux valeurs industrielles, les garanties, en cas de perte, sont encore moindres que pour les rentes au porteur (¹).

(¹) — Les conditions à remplir pour en obtenir, en cas de perte, le recouvrement, sont déterminées par les lois du 15 juin 1872 et du 8 février 1902. Elles comprennent : — 1° une opposition au paiement tant du capital que des intérêts ou dividendes, notifiée par huissier à l'établissement débiteur, et au syndicat des agents de change à Paris, et portant indication de tous les renseignements utiles sur le titre et les circonstances de sa perte ; 2° après un an écoulé depuis l'opposition sans qu'elle ait été contredite, et lorsque deux termes d'intérêt ou dividendes ont été mis en distribution, une demande au Président du Tribunal civil, afin d'obtenir l'autorisation de toucher les intérêts ou dividendes échus ou à échoir, et même le capital,

Il y a donc lieu, pour les fabriques, de préférer les rentes nominatives.

58. _____ Pour obtenir l'autorisation d'acheter une rente sur l'État, le Conseil de fabrique formule sa demande par une délibération dans laquelle il indique. 1° l'origine des fonds à placer ; 2° s'il s'agit d'un legs ou d'une donation, la date du décret ou de l'arrêté qui a autorisé l'acceptation ; 3° l'indication des services religieux imposés. Il faut annexer à cette demande des expéditions des actes de donation ou de testament.

Le dossier ainsi formé est adressé à l'Évêque, qui donne son avis, et transmet le tout au Préfet. Celui ci autorise lui-même par un arrêté, quand la somme à placer n'excède pas 1000 fr., ou que cette somme, quel qu'en soit le montant, provient de remboursement de capitaux [1] ; dans les autres cas, il joint son avis au dossier, et le transmet au Ministre des Cultes, sur le rapport duquel est rendu le décret d'autorisation [2].

Il ne reste plus ensuite qu'à effectuer l'achat de la rente à la Trésorerie générale du Département, ce que l'on fait par une demande signée, à laquelle est joint l'arrêté ou le décret d'autorisation

---

dans le cas où il deviendrait exigible ; 3° la fourniture d'une caution solvable.

Deux ans après l'autorisation, si l'opposition n'a pas été contredite, la caution est déchargée de plein droit, et l'opposant peut retirer de la Caisse des Dépôts et Consignations les sommes déposées, et percevoir librement les intérêts ou dividendes à échoir, au fur et à mesure de leur exigibilité.

[1] - D. du 13 Avril 1861, art. 1.

[2] - BOST, l. c. -

59. _____ . Le minimum de rente qu'il soit permis aux fabriques d'acquérir est fixé à un franc, sans fractions [1]. Mais il faut remarquer que le seul type de rente qui leur soit accessible est le 3% perpétuel, l'administration des Cultes n'en autorise jamais d'autre [2].

Il peut arriver que, par suite d'achats de rente successifs, une fabrique possède plusieurs inscriptions séparées de rente 3%. Dans ce cas, il est avantageux, pour le recouvrement des arrérages et le renouvellement périodique des titres, de réunir toutes ces inscriptions en une seule. Le gouvernement encourage cette réunion, et la fabrique qui désire l'opérer n'a qu'à la demander au Directeur de la Dette publique, pour être assurée de l'obtenir [3].

§ 3. Des Comptes-courants au Trésor.

60 _____ . Outre les rentes sur particuliers ou établissements privés dont la fabrique peut être dotée d'ancienne date, outre les rentes sur l'État qu'elle acquiert toutes les fois qu'une somme doit être capitalisée à son profit, elle peut avoir des fonds déposés en compte-courant au Trésor public, pour y produire intérêt (Ce dépôt est obligatoire toutes les fois qu'il y a dans la caisse fabricienne des fonds libres [4]. L'intérêt servi est de 2%.

On doit entendre par fonds libres, non le fonds de

---

[1] - Déc. min. 16 Mai 1853

[2] - Av. Cons. lég. 15 Fév. 1842 & 7 Avril 1846

[3] - Circ. min. 2 déc. 1861

[4] - Id. 27 Mars 1893. art. 21.

roulement remis au Trésorier au début de chaque trimestre, ni la somme déposée dans l'armoire à trois clefs, et nécessaire pour parer aux besoins éventuels qui pourraient se produire en dehors des prévisions trimestrielles, ni enfin les sommes données ou léguées à la fabrique pour être capitalisées. mais bien les excédents des comptes annuels auxquels il n'est assigné aucun emploi dans le budget supplémentaire.

61. _____. Lors donc qu'une somme n'est destinée à couvrir aucune dépense prévue au budget, elle est réputée libre et doit être versée à la Caisse du Receveur des finances de l'arrondissement. Celui-ci donne un récépissé qui est déposé dans l'armoire à trois clefs, ou dans la Caisse du percepteur, si le percepteur fait les fonctions de comptable de la fabrique.

Chaque année, les intérêts sont calculés et portés par le Receveur des finances au crédit de la fabrique, pour être employés par elle, s'il y a lieu, dans ses dépenses budgétaires, ou, sinon, pour être capitalisés avec le fonds primitivement déposé. Dans le premier cas, un bordereau ou extrait de décomptes d'intérêts est délivré au comptable, qui le dépose avec le récépissé dans l'armoire.

S'il arrive que la fabrique ait voté l'emploi de ces fonds, le président du Bureau, après s'être fait autoriser par l'Évêque, ordonne au comptable de retirer la somme nécessaire pour couvrir la dépense projetée au budget.

62. _____. Toutes ces opérations ne nécessitent aucune écriture spéciale.

Les versements au Trésor sont suffisamment constatés par les récépissés ou extraits. Les retraits sont d'abord constatés par une mention sur les extraits, mais sur les récépissés , à commencer par les plus anciens en date.

Toutefois , dans le cas où les intérêts annuels du dépôt sont employés dans le budget annuel , il est évident que le comptable doit en donner quittance au Receveur des finances qui les lui paye , et faire mention de cette re- cette dans le journal à souche.

Article III.
Des Bancs et des Chaises.

Le décret de 1809 compte parmi les revenus de la fabrique le produit des bancs et des chaises. Sous le nom de Bancs nous comprenons non seulement les sièges à plusieurs places auxquels on donne vulgairement ce nom, mais encore les séries de chaises rangées dans l'Eglise à des places fixes , et d'une façon permanente , et nous réservons exclusivement le nom de Chaises aux sièges mobiles attribués au commencement de chaque office , et moyennant rétribution , au premier occupant.

Les règles qui concernent la location des sièges fixes et des sièges mobiles n'étant pas les mêmes , nous diviserons la matière en deux paragraphes.

---

§. 1. Des Bancs.

63. _____ Il est permis aux Fabriques de placer dans l'Église des sièges fixes dont l'usage est accordé aux fidèles, moyennant une juste rétribution pécuniaire. Mais on doit toujours réserver une place où les fidèles qui ne louent pas de chaises ni de bancs puissent commodément assister au service divin et entendre les instructions[1].

Le placement des bancs appartient au Conseil de fabrique, avec le consentement du Curé. En cas de dissentiment entre le Curé et le Conseil, la décision suprême appartient exclusivement à l'autorité diocésaine[2].

Au point de vue de la manière dont peut s'acquérir le droit d'usage, les bancs se divisent en trois classes .. les bancs réservés, les bancs concédés, et les bancs loués périodiquement.

64. _____ Il peut y avoir deux bancs réservés. 1. Le Banc d'œuvre : C'est un banc d'honneur, placé devant la chaire à prêcher, et exclusivement réservé aux Conseillers de fabrique. Ils s'y placent dans cet ordre. Le Curé, le Président, le Maire, et ensuite les autres Conseillers d'après le rang d'âge ou d'ancienneté[3]. On peut aussi y admettre deux notables, à titre de Marguilliers d'honneur.

2. Le Banc du Fondateur. Celui qui construit à ses

[1] - D. 30 déc. 1809   art 65.
[2] - C. ? 14 déc 1857.
[3] - D. 30 déc. 1809   art. 21.

frais une Eglise, ou tout au moins donne gratuitement la place pour la bâtir, peut se réserver un banc pour lui et sa famille, tant que celle-ci subsistera. Ce droit une fois acquis se transmet aux héritiers, collatéraux ou descendants directs, et se conserve tant que la famille subsiste, même si elle prend son domicile dans la paroisse [1].

65. _____. On peut de même concéder, à perpétuité ou à vie, un banc de l'Eglise aux bienfaiteurs et aux donateurs insignes de cette Eglise [2].

Le bienfaiteur est celui qui, d'une manière quelconque, a rendu à la fabrique un service notable. Le donateur est toute personne qui a fait à la fabrique une libéralité quelconque, (somme d'argent ou immeuble) représentant un revenu de 5 à 25 fr. selon l'importance de la paroisse [3].

La concession d'un banc au bienfaiteur ou au donateur n'est jamais une obligation stricte pour la fabrique, mais cela peut-être de haute convenance. Si le Conseil croit devoir l'octroyer, il remplit les formalités suivantes.

Pour une concession au Bienfaiteur, il prend une délibération motivée, la transmet, avec pièces à l'appui, à l'Evêque, qui y joint son approbation et l'envoie au Ministre : celui-ci prend l'arrêté qui autorise la concession

Pour la concession au Donateur : sur la demande de celui-ci, le Trésorier avertit les fidèles, par une affiche, de l'offre faite à la fabrique, et invite les amateurs d'une concession perpétuelle à proposer des offres plus avantageuses,

---

[1] — D 30 déc 1809 art. 72. Déc min. 10 janv. 1890.

[2] — Ib. Ib.

[3] — Ar min. 12 janvier 1819.

s'ils le désirent. Personne n'enchérissant sur l'offre première, le Conseil prend une délibération conforme, la transmet à l'É. vêque avec pièces à l'appui. Celui-ci donne son avis et renvoie le tout au Préfet, qui autorise la concession, si la somme offerte ne dépasse pas 300 fr., et, dans le cas con. traire, envoie le tout au Ministre pour en obtenir l'auto. risation du Chef de l'État.[1]

66. _____ Le mode de concession des bancs le plus usité est la location annuelle par adjudication pu. blique.

Tout d'abord le Bureau doit proposer, et le Conseil arrêter un Cahier des charges, ou règlement qui renferme les conditions auxquelles les concessions sont consenties. Ce règlement est porté à la connaissance du public soit par voie d'affiche, soit par lecture au prône, soit simplement par le dépôt qui en est fait chez le Trésorier, où chacun peut en prendre connaissance.

L'adjudication se fait ensuite aux enchères publiques, et est prononcée par le Bureau des Marguilliers, qui dresse un procès-verbal des opérations effectuées. Ordinaire. ment les adjudicataires payent séance tenante le prix du banc qui leur est attribué, et dans ce cas, le procès-verbal n'est plus qu'une pièce d'administration intérieure qui, par le fait, est exempte du timbre. Dans le cas contraire, il y a lieu de s'assurer contre la mauvaise foi des preneurs, en exigeant leur signature au procès-verbal, lequel doit alors être dressé sur papier timbré.[2]

---

[1] - Ord. 2 avril 1817 § 2 art 1

[2] - Formule du Proc. verbal d'Adjudication.

L'an , le , en l'église de , le Bureau des Marguil. liers, composé de MM. , a procédé à la location au plus

67. _____ Quand le procès-verbal est signé par les adjudicataires, il constate un vrai bail, et se trouve par conséquent soumis aux droits d'enregistrement dûs sur les baux à loyer[1]. Mais s'il n'est pas signé par eux, il n'y a plus que bail verbal d'objets mobiliers, et il n'y a plus lieu de subir la formalité de l'enregistrement.[2]

Le délai pour faire enregistrer le bail écrit et signé est de vingt jours ; le droit à payer est de $0^f 20 \%$ sur le prix cumulé des années de location. Comme la charge de payer ce droit incombe au concessionnaire, la Fabrique fera bien, si elle se charge des démarches auprès des préposés, de majorer de $0^f 20 \%$ les prix d'adjudication, afin de se couvrir par avance des frais qu'elle devra solder.

___

offrant et dernier enchérisseur, les bancs de ladite Église, aux clauses et conditions suivantes

1° . . . (Relater les conditions du Cahier des Charges)

2° _____

Les enchères ont été ouvertes par M. le Président, et les adjudications successivement consignées au tableau ci-après :

N.ᵒˢ des Bancs	Noms & Domiciles des Adjudicataires	Prix		Signatures des Adjudicataires
1.	M .. propriétaire à ...	"	"	"
2.	_ _ _ _	"	"	"

De quoi il a été dressé le présent procès-verbal, lequel a été signé, après lecture, par tous les membres du Bureau.

(Signatures)

[1] - 10. mai 15 janv. 1872. Voir Affre. Administration des Paroisses

[2] - 14. Goujet. Timbre, Enregistrement. etc.

68. _____ . Le produit de la concession et de la location des bancs et des chaises doit être inscrit brut aux comptes annuels, sauf à porter aux dépenses les frais occasionnés par les actes de concession ou de location.

On doit prélever du produit net, (c'est à dire déduction faite des frais) un sixième pour la Caisse établie en faveur des prêtres âgés ou infirmes. Toutefois ce prélèvement ne s'effectue qu'en vertu de règlements épiscopaux légalement homologués, et seulement dans la quotité fixée par lesdits règlements [1].

§ 2. Location des Chaises.

69. _____ Comme il a été dit plus haut, il est ici question des sièges de toute nature, qui, n'étant concédés à personne annuellement ou à perpétuité, sont attribués, dans chaque cérémonie, au premier occupant.

Le prix qui peut varier pour les différents offices, en est réglé par la délibération du Bureau, approuvée par le Conseil, et la délibération doit être affichée dans l'Eglise [2]. L'Evêque peut faire modifier le tarif, mais sa validité dépend uniquement des décisions du Bureau et du Conseil.

Il est expressément défendu de rien percevoir dans l'Eglise, en sus du prix des chaises, sous quelque prétexte que ce soit [3]. Mais il faut remarquer que personne

---

[1] - D. 13 thermidor . an XIII

[2] - D. 30 déc 1809 . art. 61

[3] - id.   art. 65.

ne peut apporter des chaises du dehors, à moins de payer le prix du tarif, comme pour une chaise de la fabrique: celle-ci ayant seule le privilège de mettre des chaises dans l'Église. (1)

La perception du prix des chaises peut se faire de deux manières: directement par la régie du Bureau, ou par la mise en ferme.

1° ——————— Quand la location des chaises se fait par régie, le Bureau reçoit ou fait percevoir par une ou plusieurs personnes, à chaque office, le prix fixé et approuvé par le Conseil

Après chaque office, ou à la fin de chaque journée, le montant des recettes peut être porté sur un Livret ou État (2 qui est ensuite certifié par le Président du Bureau. A la fin de la semaine, du mois ou du trimestre, les sommes perçues sont encaissées par le comptable sur le vu de cet état dûment signé et certifié.

2° ——————— Pour la mise en ferme, il faut, au préalable, dresser un Cahier des Charges qui doit être soumis à l'approbation du Préfet, indiquant: 1° le tarif fixé par le Conseil, 2° le nombre des chaises à fournir par l'adjudicataire; 3° l'espace qui doit rester

---

(1) - Id. 30 du 1809   art 65

(2 -   On peut disposer cet État de la manière suivante.

Date	Nature de l'Office	Sommes perçues	Part de la fabrique	Part de la loueuse	Signatures
1er Janvier	. Messe	"			
.		'	"	" "	
			"	"	
	Totaux				

libre pour l'usage des personnes qui ne louent ni banc ni chaise ; 3° les charges concernant l'entretien, l'ordre et le placement des chaises.

L'adjudication est annoncée par trois affiches successives, posées de huitaine en huitaine, à la diligence du Trésorier. Elle a lieu par soumissions cachetées, en présence du Bureau, au plus offrant et dernier enchérisseur. Aucun des membres du Bureau ne peut se porter adjudicataire[1].

L'acte d'adjudication est immédiatement dressé en double sur papier timbré, et ensuite enregistré par les soins et aux frais de l'adjudicataire.

Article IV.

Des Oblations.

Sous ce titre on peut ranger : 1° les dons manuels et annuels, 2° le produit des troncs, 3° le produit des quêtes.

Donc trois Paragraphes.

---

[1] D, 30 déc 1809

§.1. Des Dons manuels et Aumônes.

72. _____ La jurisprudence administrative fait une distinction entre les dons manuels et les aumônes.

L'Aumône est un don d'argent ou d'objets mobiliers qu'on fait de la main à la main sans acte ni autorisation d'aucune sorte.

Le Don manuel est une véritable donation entre vifs d'argent ou d'objets mobiliers, faite de la main à la main et sans acte, mais qui doit ultérieurement être revêtue de l'autorisation du gouvernement.

En fait, l'administration civile attribue le caractère d'aumônes aux libéralités de sommes modiques, et celui de dons manuels aux libéralités réputées plus importantes, eu egard à la position de fortune des donateurs. [1]

73. _____. Les fabriques peuvent recevoir de la générosité des fidèles des aumônes et des dons manuels, sauf à obtenir pour l'acceptation définitive et l'emploi de ceux-ci l'approbation subséquente du gouvernement. Les dons manuels faits in extremis par un mourant ne sont pas proscrits, mais les héritiers pourraient en demander la révocation et l'obtiendraient facilement, surtout s'ils avaient été faits entre les mains du confesseur du défunt.

Quand on demande l'autorisation d'accepter un don manuel, il faut de toute nécessité déclarer le nom du donateur : le gouvernement voulant, avant

[1] Circ. min. 8 oct. 1891.

de donner sa sanction à une générosité, se renseigner sur la position de fortune de celui qui la fait, et les motifs présumables qui l'ont inspirée. De même quand il s'agit des souscriptions volontaires, recueillies par exemple pour bâtir une Eglise, l'autorité, avant de les approuver, demande les mêmes renseignements sur chacun des souscripteurs. Il en serait autrement si les souscriptions présentaient le caractère de simples aumônes.

74 _____. Les aumônes sont constatées dans les livres de comptabilité et au budget de la fabrique, mais uniquement pour régulariser les opérations de recette et de dépense ; et l'acte qui les constate, étant d'ordre purement intérieur, n'est pas atteint par les lois de l'enregistrement.

Les dons manuels, au contraire, sont soumis à l'enregistrement et à l'impôt de mutation, attendu que la donation revêt la forme d'un acte administratif régulièrement approuvé, dressé pour garantir l'exécution des intentions du donateur [1]. Le délai d'enregistrement, qui est de vingt jours, ne court que du moment où l'autorisation gouvernementale a rendu définitive la libéralité faite à la Fabrique [2].

§. 2.   Des Troncs.

75. _____. Ont droit de placer des

---

[1] - Cass. 19 Mai 1878, 1er fev. 1882, Dir. génér. de l'Enregistrement, 18 Aout 1892
[2] - SOLLIER   Timbre & Enregistrement   10.

troncs dans les Églises . 1° La Fabrique , mais seulement pour les frais du culte , ou toute œuvre de sa compétence[1] , – 2° Le Curé , pour ses œuvres charitables , – 3° Le Bureau de bienfaisance pour les pauvres . En aucun cas ce droit ne peut appartenir aux Commissions administratives des Hospices[2].

Le placement du Tronc appartient au Curé et au Conseil qui doivent agir de concert , en cas de conflit , c'est à l'Évêque qu'appartient la décision suprême.

76. —————— Les troncs de la Fabrique ne sont ordinairement munis que d'une seule serrure , dont la clef reste déposée dans la Caisse avec l'argent et les valeurs . Ils sont ouverts périodiquement par le Bureau des Marguilliers , en présence du Comptable , quel qu'il soit . Les sommes trouvées sont versées dans l'armoire à trois clefs , et il est dressé de l'opération un procès-verbal en double expédition , dont l'une est aussi déposée dans l'armoire , et l'autre est remise au Trésorier .

Mais quand les fonctions de Comptable sont remplies par un percepteur ou par un receveur spécial , les troncs sont fermés par deux serrures . l'une des clefs demeure entre les mains du Président du Bureau , l'autre entre les mains du Comptable . Les formalités à observer pour la levée des Troncs sont les mêmes que dans le cas où le Trésorier est lui-même comptable . Mais quand la gestion des deniers fabriciens est confiée au percepteur , on n'ouvre les troncs qu'en sa présence c'est à dire les jours de tournée de perception[3].

---

[1] – D 30 Déc. 1809 . art 36 à 51

[2] – D. 12 7bre 1806 . – D 30 Déc. 1809 , art 51 , – D 27 Mars 1893 , art. 12

[3] – D. 27 Mars 1893 , art. 12.

§ 3. Des Quêtes.

77. ——————— Les fabriques peuvent faire des quêtes tant à domicile que dans l'intérieur de l'Église, pourvu que le produit en soit destiné aux œuvres qui lui sont confiés par la loi.

Les quêtes faites à domicile pour le compte de la fabrique restent nécessairement soumises au contrôle de l'autorité diocésaine. Le Maire ne peut les interdire. Tout arrêté pris par l'autorité municipale en vue de les empêcher est abusif et de nul effet [1]

78. ——————— À l'intérieur de l'Église, le droit de quêter appartient 1° À l'Évêque, pour les Séminaires, les prêtres infirmes et toutes les œuvres catholiques, — 2° Au Curé pour les œuvres paroissiales, pour les pauvres et pour lui-même, — 3° À la fabrique, pour subvenir à l'insuffisance de ses ressources, — et 4° enfin au Bureau de Bienfaisance (et par conséquent au Maire, là où le Bureau n'est pas établi), pour les indigents de la Commune. Les commissions administratives des Hospices ne peuvent, en aucun cas, s'arroger ce droit.

Il peut, par conséquent, y avoir plusieurs quêtes pendant le même office religieux. C'est au Curé qu'il appartient d'en fixer l'ordre, sauf recours, en cas de contestation, à l'autorité diocésaine, qui décide en dernier ressort.

Les membres du Bureau des Marguilliers et ceux du

---

[1] — Cir. 14 juin 1884

Bureau de Bienfaisance, sont autorisés à faire par eux-mêmes les quêtes en faveur de leur œuvre. Ils peuvent aussi se faire remplacer par d'autres personnes ; mais celles-ci doivent être préalablement agréées par le Curé.

79 ——————————. Le produit des quêtes faites au profit de la Fabrique peut être versé immédiatement dans un tronc spécial, dont l'ouverture s'opère conformément aux règles ordinaires indiquées plus haut. (N: 76)

Il peut aussi être provisoirement déposé entre les mains du régisseur des dépenses et des recettes, pour être à la fin du mois, remis au comptable de la Fabrique. En ce cas, le régisseur des recettes doit tenir un état des quêtes effectuées, analogue à celui de la location des chaises. (v p. 67) dans lequel on porte, en toutes lettres et en chiffres, immédiatement après chaque quête, la reconnaissance des fonds reçus. Le quêteur doit apposer sa signature en marge. A la fin du mois, ledit état est certifié sincère et véritable par le Président du bureau des Marguilliers, et ensuite remis au comptable avec le produit total des quêtes du mois.

Article V.

Droits
sur les Services religieux.

——

80. —————————. A l'exception des Sacrements, les Cérémonies religieuses célébrées sur la demande et pour l'avantage particulier des fidèles, ont toujours donné lieu à des offrandes qui, dans le principe, furent entièrement volontaires et gracieuses, et plus tard devinrent l'objet de prescriptions obligatoires et de tarifications précises de la part de l'autorité épiscopale. Ces oblations ou droits casuels appartiennent, dans des proportions diverses, aux Fabriques à raison des fournitures d'ornements et de cierges nécessitées par les services religieux, aux Curés, Vicaires, prêtres habitués et autres employés de l'Église dont le concours est réclamé pour l'accomplissement des Cérémonies.

Les oblations sont fixées, dans chaque diocèse, par un tarif rédigé par l'Évêque et approuvé par décret rendu en Conseil d'État. Aucune oblation ne peut être exigée en dehors de ce tarif.

Mais on remarquera d'abord qu'un Tarif diocésain d'oblations, quelque précis et détaillé qu'on l'ait fait, ne prévoit, en ce qui concerne les Fabriques, que les droits à percevoir à raison des fournitures indispensables

prescrites par la liturgie : ces droits là méritent seuls
le nom d'oblations

Il est d'autres fournitures, qui sont de pure décoration, dont l'importance et la richesse varient nécessairement
d'une paroisse à l'autre, et dans une même paroisse et
pour un même genre de services religieux, varient encore
suivant le goût, les désirs et les ressources des familles
qui les demandent. Les droits perçus à l'occasion de
ces fournitures portent plus spécialement les noms de
Frais d'inhumation, Droits sur les pompes funèbres,
Droits de fournitures facultatives.

Le législateur a voulu que les familles fussent libres
de régler, à leur convenance, la dépense pour les services
religieux qu'elles auraient à demander, et, à cet effet,
il a prescrit que, dans chaque paroisse, il fut établi des
Tarifs ou tableaux de fournitures, gradués par classes,
et capables de donner satisfaction aux exigences des
plus opulents comme à la modestie des moins aisés.
En même temps, il a prescrit que le prix à payer
pour les oblations serait en rapport avec le prix des
fournitures librement demandées : de telle sorte que
le tarif d'oblations et le tarif des fournitures facultatives étant dressés parallèlement et distribués en un
même nombre de classes, le choix d'une classe de
fournitures implique l'engagement et l'obligation légale
de payer les prix de la classe correspondante pour
les oblations.

81. ——————. Or tandis que le Tarif
d'oblations est nécessairement unique pour un même diocèse,
d'après l'article organique 69, le tarif des fournitures est
essentiellement variable avec les paroisses.

D'où la nécessité pour chaque Fabrique de rédiger

son propre tarif, ou même ses tarifs car il en faut plusieurs pour les divers genres de cérémonies à accomplir Et comme les formalités nécessaires pour leur attribuer la valeur légale, ne sont pas uniformes, la clarté et l'exactitude exigent que nous traitions séparément : 1° Des Pompes funèbres proprement dites, ou du transport des défunts du domicile mortuaire à l'Eglise et au cimetière, — 2° Des services religieux pour les morts, — 3° Des Autres cérémonies religieuses.

Enfin, pour compléter ce sujet, nous ajouterons un 4ᵐᵉ paragraphe sur le mode légal selon lequel doivent être perçus et distribués les droits de fournitures et les oblations.

§ 1. Le Transport des Défunts.

82. ———————. Tout ce qui se rattache à l'inhumation des défunts, au transport des corps et à la pompe extérieure des moyens de transport, appartient en principe, à l'administration municipale.

Le Maire ou, à son défaut, le Sous-Préfet, pourvoit d'urgence à ce que toute personne décédée soit ensevelie décemment, sans distinction de culte, ni de croyance [1] Il a seul la police du cimetière et veille à son entretien [2]

Le transport d'un cadavre d'un lieu dans un autre, dans l'étendue de la même Commune, doit

---

[1] – Loi du 5 avril 1884, art 95

[2] – Id.   art 97.

être autorisé par le Maire [1]. Aucune inhumation ne peut être faite sans son autorisation, laquelle est délivrée sur papier libre et sans frais [2].

En raison des pouvoirs de police qui lui sont attribués, il lui appartient encore de fixer l'itinéraire à suivre par les convois, de permettre ou d'interdire l'exécution de morceaux de musique sur la voie publique, et même d'empêcher toute manifestation extérieure du culte. Une seule restriction lui est imposée en cette matière : c'est qu'il ne peut jamais établir, même par arrêté, des prescriptions particulières applicables aux funérailles en raison de leur caractère civil ou religieux [3].

Enfin le mode de transport des corps rentre aussi dans les attributions de la municipalité

83. _____ A ce sujet, le Conseil communal délibère un tarif dit de service extérieur qui comprend le transport et l'inhumation du corps avec tous les objets qui en font la décoration et en rehaussent la pompe. Les fosses, les brancards, les cercueils, les voitures, les housses qui les recouvrent, les ornements de toutes sortes et jusqu'aux lettres d'invitation à la cérémonie.

Le transport et l'inhumation des morts indigents doivent être faits décemment et gratuitement.

Le transport et l'inhumation des autres personnes sont assujettis à une taxe fixe [4]. Au contraire, les fournitures diverses ci-dessus énumérées sont distribuées en classes dont les prix varient avec l'importance et la richesse

---

(1) - Cir mun int. 10 Mars 1858 - Déc. 13 Avril 1861. art 1

(2) - Code civil art. 77.

(3) - Loi du 15 nov. 1887. art. 2

(4) - D. 18 Mai 1806. art. 11.

des objets [1].

Ce tarif de service extérieur est soumis à la Fabrique, pour avis, car c'est à elle seule qu'appartient le droit de faire les fournitures nécessaires, et d'en percevoir le prix; [2] comme aussi d'en subir les charges, notamment en ce qui concerne les enterrements des indigents [3].

Les brancards et Draps mortuaires qui doivent servir à l'enterrement des membres des Sociétés de secours mutuels, Associations ou Confréries de divers genres rentrent dans le monopole des Fabriques, et doivent être fournis par celles-ci, ou du moins leur être payés comme s'ils avaient été fournis par elles. [4]

L'Évêque est appelé à donner son avis en sa qualité de tuteur des intérêts fabriciens, et le Préfet statue définitivement, et donne l'approbation qui rend le Tarif exécutoire devant les tribunaux. [5]

84. ——————— Dans les villages et dans les petites villes, la Fabrique le plus souvent fait elle-même, par l'organe de son Trésorier, les fournitures du service extérieur, en même temps que celles du service intérieur. Elle en perçoit le prix simultanément et de la même façon qu' sera expliqué ci-dessous

Dans les grandes villes, toutes les Fabriques se réunissent pour une seule entreprise de Pompes funèbres, qui est mise aux enchères [6]. Il en est de même dans les communes

---

(1) – D. 18 Mai 1806 art.11. D. 23 prairial an XII, art 18 et 24.

(2) – D. ib   art 10. – ib.   art. 22.

(3) – D. min. art. 12 Mars 1850.

(4) – Bost. Pompes funèbres.

(5) – D. 29 Mars 1852. et 13 Avril 1861. – Tableau A, n° 53.

(6) – D. 18 Mai 1806 art. 8.

populeuses , et partout où l'éloignement des cimetières rend le transport coûteux ; et où il est fait avec des voitures [1].

Dans ce cas, un Cahier des charges est proposé par le Conseil municipal ou par la Fabrique , et, après avis de l'Évêque , le Préfet en arrête les termes définitivement [2]. L'adjudication est ensuite faite selon le mode établi par les lois et règlements pour tous les travaux publics.

Par le fait de l'adjudication et en vertu du contrat qu'elle comporte, l'entrepreneur est subrogé à tous les droits de la Fabrique . Il a le monopole des fournitures et il en perçoit le prix mais il ne peut sortir des conditions prévues par le Tarif, ni rien exiger au delà des prix indiqués En retour, il s'engage à verser à la Fabrique soit une somme fixe , soit un tant pour cent sur les perceptions à opérer.

L'acte d'adjudication n'est autre chose qu'un bail par lequel la Fabrique afferme son privilège . A ce titre, il est soumis à l'enregistrement, à la charge de l'adjudicataire.

§. 2. Les Services religieux pour les Funérailles.

85. _____ Nous ne parlons ici que des services religieux , — Messes, Absoutes ou Offices funèbres, — célébrés pour les défunts , à l'occasion et au moment de leur sépulture

---

(1) - V. 18 Mai 1806 . art 8 & 10
(2) - Id. art 14

Ils sont du ressort exclusif de l'autorité ecclésiastique, qui les accorde ou les refuse selon qu'il est nécessaire, en fixe le jour l'heure ou l'ordonnance au mieux des règles liturgiques, et des convenances des familles —

Mais il est loisible à celles-ci d'en régler le nombre et la dépense selon leurs moyens et facultés Afin de faciliter leur choix sur ce point, un tarif doit être dressé dans chaque paroisse présentant l'indication des motifs de décoration funéraire fournis pour chaque classe, ainsi que des prix de ces fournitures.

Ce tarif doit être établi parallèlement à celui du service intérieur, de manière à faire correspondre classe à classe et à ne former en quelque sorte qu'un tarif unique. Il n'est d'ailleurs pas possible de les diviser et de prendre, par exemple, une classe pour le convoi et une classe moins solennelle pour l'office

Les deux tarifs ainsi fondus sont réunis au Tarif diocésain d'oblation dont ils sont, comme nous l'avons dit la base d'application. Le rapprochement de fait en commençant par les classes inférieures, la dernière de l'une correspondant toujours à la dernière de l'autre.

Il en résulte que si le tarif paroissial des fournitures compte une ou deux classes de moins que le tarif diocésain des droits casuels, il n'y a jamais lieu d'appliquer les prix de la première et de la seconde classe de ce dernier

86 —————— Le tarif du service intérieur a pour objet toutes les fournitures nécessaires soit à la solennité du service religieux à l'Église, soit à la pompe du convoi, soit même à l'ornementation de la maison mortuaire. Tels sont les catafalques, tentures, luminaire extraordinaire, tapis, inscriptions, symboles,

Fleurs, couronnes, ustensiles divers etc. etc.

Il est élaboré par la Fabrique, proposé au Conseil munici. pal pour avis, transmis à l'Évêque pour approbation, et enfin soumis au Préfet, dont l'homologation lui confère la valeur légale indispensable pour sa mise à exécution.

À défaut de cette approbation, la Fabrique n'a aucun recours devant les tribunaux. La signature même de celui qui aurait commandé la cérémonie, et se serait engagé par écrit à en payer les frais, conformément à un Tarif non approuvé, ne pourrait suffire pour autoriser la Fa. brique ou le Curé à réclamer leurs droits [1].

Toutefois, il convient de remarquer que si des fourni. tures extraordinaires ont été faites, en dehors des prévisions du Tarif, sur la demande expresse des familles, elles doivent être payées sur la base des prix communément pratiqués [2].

De même, il y a lieu de solder les honoraires con. venables aux prêtres dont la présence aux obsèques aurait été réclamée, en outre de ceux ordinairement appelés à prendre part à la cérémonie.

Inversement, si pour quelque raison, la Fabrique se trouve dans l'impossibilité de fournir certains objets de décoration ou quelques. uns des services accoutumés, le prix ou l'honoraire en sont déduits de la note à payer.

87. ─────────── Le tarif du service intérieur comme celui du service extérieur, peut être afferme à un entrepreneur, et, en ce cas, un Cahier des charges est ré. digé, soumis au Conseil municipal pour avis, puis approuvé par l'Évêque et le Préfet. L'adjudication se fait ordinai.

---

(1) - Ant. org. 69
(2) - Marquès di Braga. p. 69 et ss.

- rement par soumissions cachetées, selon le mode établi pour les travaux publics.

Plus souvent, l'exécution du tarif intérieur se fait en régie, et la Fabrique fait elle-même toutes les fournitures par l'organe du Trésorier, du Curé ou de toute autre personne déléguée à cet effet par le Bureau.

§.3. Cérémonies diverses.

88. _____ La loi civile exige donc l'établissement et l'approbation par le Préfet de tarifs de fournitures pour les enterrements. Mais elle se tait au sujet de toutes autres cérémonies telles que les Messes pour les défunts en dehors des funérailles, les Messes de Mariage et autres pour les vivants, les simples Offices, Matines, Vêpres, Complies, Saluts du Saint Sacrement, etc. Nonobstant ce silence du législateur, le Conseil d'État ne laisse pas d'approuver des Tarifs d'Oblations, dans lesquels les droits sont gradués par classes, sans que les éléments qui doivent en former et varier la solennité y soient déterminés avec précision. Dès lors, l'analogie avec les services religieux des enterrements entraîne la nécessité de composer aussi, pour les autres services, des tarifs de fournitures qui fassent la distinction des classes et permettent l'application du tarif des oblations.

Ces tarifs de fournitures devront-ils être soumis à l'avis du Conseil municipal et à l'homologation du Préfet ? Il ne le semble pas. Dans le silence de la loi sur ce sujet, demander une telle approbation serait sans doute embarrasser l'autorité civile ; et l'on comprend d'ailleurs que celle-ci n'ait pas à intervenir dans la réglementation de services religieux, qui semblent de pure dévotion, ou du moins ne présentent pas, au même degré que les enterrements, le caractère d'universelle nécessité.

Il en va tout autrement de l'intervention de l'Evêque. Si elle n'est pas positivement exigée, elle est imposée tout au moins par les convenances et le besoin pour la Fabrique de se précautionner contre ses propres erreurs, et même contre ses écarts possibles.

79. _____ Pour les obits, anniversaires et autres offices funèbres, les fournitures à faire étant les mêmes que celles des funérailles, la Fabrique pourra se contenter de reprendre le tarif du service intérieur de celles-ci, sauf à en déduire, s'il y a lieu, le prix des tentures et autres objets employés au domicile mortuaire.

Quant aux Mariages, il convient de remarquer d'abord que les Tarifs approuvés par le Conseil d'Etat suppriment toute perception de droits casuels à l'occasion du Sacrement lui-même, c a s de l'échange des consentements des époux devant le Prêtre et les témoins. Mais la Messe de Mariage peut se célébrer avec ou sans solennité. Il y a donc, à son occasion, des droits casuels plus ou moins élevés à percevoir, et il y a des fournitures à faire et à graduer par classes. Les fournitures en ce cas sont les fauteuils et prie-Dieu, les tapis, les tentures, les plantes et les fleurs, les lustres et le luminaire. Quand le tarif d'oblations fixe pour ces objets les prix d'unités, il appartient à la Fabrique d'en déterminer la nature, la richesse et la quantité selon les classes qu'elle se propose d'établir. Dans le cas contraire, c'est elle qui fixe à la fois le nombre des objets et leur prix.

Il en est de même pour les Vêpres et autres Offices.

Il est facile de s'inspirer du Tarif des funérailles pour les Offices des morts, et de celui des mariages pour les autres.

§ H Mode de Perception
des Oblations et Droits de Fournitures

90. _____ Le recouvrement des droits sur tous les services religieux appartient au Comptable de la Fabrique, ou, par sa délégation, au Régisseur des Recettes

Sans doute, le droit commun semble donner au Curé et aux serviteurs de l'Église, la faculté de procéder par eux-mêmes directement au recouvrement de leur dû, puisque leurs honoraires participent à la nature des droits privés. Le décret du 27 Mars 1893 même ne dit pas un mot qui leur interdise de se faire payer directement par ceux qui ont demandé leur ministère. Mais ce document et ensuite la circulaire ministérielle du 15 décembre règlent la manière dont le comptable tient les écritures au sujet de la perception et de la distribution à tous les intéressés des Droits casuels — Nul doute qu'aux yeux des juristes du Conseil d'État, ces droits soient assimilés aux deniers publics, et doivent, pour cette raison, être perçus et gérés exclusivement par un comptable public, sous le contrôle des Juges ordinaires des Comptes

91. _____ D'après le décret et l'instruction ci-dessus, les oblations et les droits perçus à l'occasion des Cérémonies, sont en principe, encaissés par le Comptable. Mais ils peuvent aussi être reçus par le Curé ou Desservant, ou par tout autre faisant fonction de Régisseur des Recettes

Celui qui effectue le recouvrement collectif, remet à la partie versante une quittance détachée d'un registre à souche [1]. Cette quittance est revêtue d'un timbre de 0f.25 , si elle est délivrée par le comptable ; un timbre de 0f.10 suffit quand elle est délivrée par le régisseur des Recettes [2] .

Le comptable qui encaisse fait immédiatement deux parts des droits perçus . l'une qui revient à la Fabrique, est portée en recette à son compte propre ; l'autre qui doit être répartie entre le Clergé et les serviteurs de l'Église, est portée, dans le même livre, à un compte spécial , dit des Services hors budget [3].

Les droits de la Fabrique sont eux-mêmes inscrits sous des Rubriques différentes

Les droits casuels ou droits fixes de la Fabrique, ont leur place à l'article 12 du Budget et du Compte des Recettes : Part revenant à la Fabrique sur les services religieux. — Les droits de fourniture se classent à l'article 13 . (Produit des frais, etc .).

Il faut remarquer en outre que le Curé et la Fabrique se partagent par moitiés égales , en raison de la totalité du poids, les Cierges placés, pour les funérailles, autour

_____

(1) — On trouvera plus loin (ch. IV.) le modèle des Quittances à souche. Remarquons ici que les quittances en paiement des droits sur services religieux , doivent être détaillées comme il suit :

Le . . . . Reçu de M.

la somme de . . . qui se décompose comme il suit:

Part revenant à la Fabrique
Services hors Budget . . . .
Total . . . . . .

(2) — Ins min 15 Xbre 1893 art. 7. 32 & 33.

(3) — 76. Ibid

du corps et à l'autel, dans les chapelles et les autres parties de l'église. La cire revenant, de ce chef, à la Fabrique, est inscrite au Compte au Nº 14.

92. ————————. Dans le cas où l'ensemble des droits casuels est reçu par le Curé ou l'ecclésiastique délégué, celui-ci remet à chacun des membres du clergé et aux serviteurs de l'église, la part qui leur revient et en reçoit des quittances timbrées de 0f 10.

Tous les mois et plus fréquemment, s'il en est ainsi décidé par l'Évêque, il verse au comptable les sommes recouvrées, la part qui revient à la Fabrique en numéraire, et la part du clergé et des serviteurs de l'église représentée par leurs quittances.

À l'appui du versement, il présente un état dressé par lui, arrêté et signé par l'ordonnateur, pour faire connaître et la somme totale encaissée, et la répartition qui en a été faite entre les intéressés[1]. En retour, il reçoit du Comptable une quittance du versement effectué laquelle est exempte du timbre, comme se rapportant à des opérations d'ordre.

Au reçu de toutes ces pièces et de l'argent qui revient à la Fabrique, le Comptable doit inscrire dans ses livres les recettes et dépenses effectuées par le régisseur, dans la forme indiquée ci-dessus, comme s'il les avait faites lui-même directement.[2]

---

[1] - Voir le Modèle à la page suivante.
[2] - Ins. min. 15 Xbre 1893. art 32.

État des sommes encaissées pour les Services religieux du . . . . et Répartition entre les intéressés.

Date des Services	Indication des Services	Part attribuée au Clergé et aux Serviteurs de l'Église												Part revenant à la Fabrique	Prix total perçu.
		M. le Curé	M. l'Abbé A.	M. l'Abbé B.	M. l'Abbé C.	M. D. Sacristain	M. E. Chantre	M. F. Organiste	M. G. Sonneur	M. H. Suisse	M. J. Bedeau	Enfants de chœur.	Total.		
	Totaux														

Arrêté le présent État à la somme de . . . . dans laquelle la part revenant à la Fabrique s'élève à la somme de . . . . et la part revenant au Clergé et aux Serviteurs de l'Église à la somme de . . . .

L'Ordonnateur, (Signature)

82

Modèle Officiel

L'État que doit présenter le Régisseur à l'appui de ses Versements.

Article VI.

Subventions

des Administrations civiles.

———

93. _____ . Les Administrations civiles, Commune, Département ou État, viennent quelquefois en aide aux Fabriques par le moyen d'allocations pécuniaires.

On inscrit ces allocations au budget ordinaire, sous la rubrique n° 16 : *Autres Recettes*, quand elles ont pour but de subvenir aux besoins habituels du culte, comme l'indemnité de logement du Curé, ou les dépenses ordinaires du Culte. Elles sont au contraire portées au budget extraordinaire, quand elles sont destinées à parer à des nécessités qui ne se reproduisent pas périodiquement.

Cela prémis, nous parlerons successivement : 1° Des secours accordés par la Commune ; 2° Des subventions du Département et de l'État.

§ :. Des Secours accordés par la Commune.

94. _____ La loi municipale du

5 Avril 1884[1] déclare obligatoires pour les Communes : 1° L'indemnité de logement aux Curés et Desservants, lorsqu'il n'existe pas de bâtiment affecté à leur habitation, et lorsque les Fabriques ne peuvent pourvoir elles-mêmes au payement de cette indemnité, 2° les grosses réparations aux édifices paroissiaux sauf l'application préalable des revenus et ressources disponibles des Fabriques à cette opération.

Toutes les autres dépenses, même celles qui seraient destinées à assurer la fourniture des objets les plus indispensables à l'exercice du Culte, sont essentiellement *facultatives*. Les Conseils municipaux sont toutefois autorisés, sauf l'approbation du Préfet, à les prendre à leur charge, soit en payant le Vicaire, le sonneur ou les autres serviteurs de l'Église, soit en allouant annuellement une somme qui permette à la Fabrique de parer à l'insuffisance de ses recettes.

Il faut remarquer à ce propos que, aux termes de l'art 145 de la loi du 5 Avril 1884, lorsque le budget communal a pourvu à toutes les dépenses obligatoires, et qu'il n'applique aucune recette extraordinaire aux dépenses soit obligatoires, soit facultatives, ordinaires ou extraordinaires, les allocations portées au dit budget pour les dépenses facultatives ne peuvent être modifiées par l'autorité supérieure ».

Il s'en suit que dans les Communes riches en ressources ordinaires, le Préfet ne peut empêcher les Municipalités de faire des allocations aux Fabriques ou aux Curés.

95. _____. Mais pour que la Fabrique puisse obliger la Commune à lui venir en aide, elle doit remplir quatre conditions :

1° Il faut que la dépense pour laquelle on invoque

---

le secours de la Commune ait pour objet, soit l'indemnité de logement à servir au Curé, soit les grosses réparations à faire aux édifices paroissiaux.

2° Il est nécessaire que les Revenus de la Fabrique n'aient été employés qu'à des dépenses obligatoires pour elle. Ces dépenses obligatoires des Fabriques sont toutes celles exigées pour le service du culte et l'administration des biens

3° Il faut que la Fabrique n'ait négligé aucune des ressources que la loi met à sa disposition. Elle doit par conséquent louer les bancs s'ils ne le sont pas, recueillir sa part de cire après les enterrements etc..

4° Enfin, elle doit justifier de l'insuffisance de ses ressources, par la production du budget et des comptes, et prouver qu'elle n'a point de ressources disponibles pour subvenir aux dépenses en question. Seul en effet l'excédent des revenus disponibles, après déduction des autres dépenses obligatoires, doit nécessairement être appliqué aux grosses réparations et à l'indemnité de logement.

96. _____ C'est à la Session de Quasimodo que le Conseil doit délibérer la demande de secours à la Commune ; mais il peut aussi le faire en Juillet, et même en tout temps, pourvu que la Municipalité puisse se réunir en session extraordinaire.

La délibération, approuvée par l'évêque, est appuyée d'un exemplaire du dernier compte et du budget, des plans et devis des travaux à exécuter, et de toutes les pièces nécessaires pour prouver que la Fabrique se trouve dans le cas d'implorer l'aide de la Commune.

Si des difficultés s'élevaient entre la Fabrique et la Commune à l'occasion du concours réclamé de cette dernière, le Préfet devrait envoyer, en y joignant son avis, toutes les pièces concernant l'affaire aux Ministres de l'Intérieur & des Cultes ; et ceux-ci font rendre le décret nécessaire [1]. Ce décret est susceptible d'un recours contentieux au Conseil d'État [2].

En pratique, s'il s'agit d'une subvention annuelle bénévolement accordée par la Commune, la seule inscription de ce secours au budget fabricien constitue une demande suffisamment régulière. Le Conseil municipal, en effet, prend connaissance du budget de la Fabrique, en sa session de Mai, et, après en avoir délibéré, accorde le secours prévu ou le refuse. Dans ce dernier cas, il mentionne son refus parmi les observations qu'il transmet à la Préfecture, et dans le premier, le secours voté par la Commune et inscrit à son budget est notifié à l'Évêque avant le 1er Novembre. L'Évêque alors inscrit, dans la colonne du budget qui lui est réservée, la somme votée par le Conseil Municipal, telle qu'elle lui est indiquée par le Préfet.

97 ——————. Que faire, si la Commune n'accorde que la moitié de la somme demandée, et que le budget se trouve par là constitué en déficit ?

En ce cas, l'Évêque diminue les chiffres de dépenses jusqu'à ce que l'équilibre soit rétabli. S'il arrive qu'en conséquence de ces réductions, la Fabrique n'ait plus assez de crédits pour couvrir toutes les dépenses nécessaires, elle ouvre de nouveaux crédits au Budget supplémentaire et couvre ces crédits nouveaux par une subvention communale. Elle peut aussi obtenir en deux fois, savoir en

---

(1) - Av. min. 15 Mai 1884.

(2) - Arrêt du Conseil d'État. 5 Janvier 1894.

son budget primitif d'abord, puis en son budget supplémentaire, le montant intégral de la subvention dont elle a besoin.

98. _____. Quant la paroisse comprend plusieurs communes, on doit s'adresser à toutes, et elles sont tenues de contribuer à la dépense au prorata du chiffre de leurs contributions respectives [1]

§.2. Subventions accordées par le Département ou l'État.

99. _____. En principe, l'État et le Département ne sont liés par aucune obligation pécuniaire envers les Fabriques. En fait, il est porté tous les ans au budget des Cultes un crédit pour la construction et les grosses réparations du Culte. D'autre part, le Conseil général accorde parfois, quand il en est sollicité, une subvention particulière en vue de pourvoir aux mêmes besoins.

Mais ces secours ne sont jamais accordés que pour les églises ouvertes au Culte sous les titres de Paroisse, Succursale, Chapelle, et encore pour les Presbytères.

Les conditions requises pour qu'une demande de secours puisse être favorablement écoutée sont les suivantes:

1° Les travaux à faire doivent être absolument commandés par la nécessité des lieux et les besoins de la population : toute addition de luxe dans les projets

[1] - Loi du 14 février 1860.

ferait infailliblement rejeter la demande.

2° Les plans et devis des travaux doivent être soumis préalablement à l'examen de l'Evêque et du Préfet, et a l'approbation du Ministre.

3° Il faut que la plus grande partie de la dépense soit assurée d'une manière quelconque, et que les ressources de la Commune et de la Fabrique soient insuffisantes pour en couvrir la totalité.

100. ——————— Ces conditions se trouvant réunies, la demande de secours est convenue entre la Fabrique et la Commune, et adressée, avec pièces justificatives, au Préfet qui donne son avis et transmet le tout au Ministre des Cultes.

La répartition des fonds ayant lieu au 1ᵉʳ Mars et au 1ᵉʳ Mai, les demandes doivent être envoyées deux mois environ avant ces dates, c'est à dire avant le 31 Décembre et le 28 février.

Le Ministre accorde ordinairement une somme équivalente au tiers de la dépense totale. C'est à la Commune le plus souvent qu'est faite la libéralité, très rarement à la Fabrique. C'est donc au profit de celle-là que le Préfet mandate les secours, soit lorsque les travaux sont terminés entièrement, soit durant leur exécution, au fur et à mesure de leur réception par l'architecte et les autorités municipales ou fabriciennes.

101. ——————— Pour les secours du Département, les conditions à remplir sont les mêmes que pour les Subventions de l'Etat.

La demande concertée entre les Conseils de Commune et de Fabrique est adressée au Conseil général avec les pièces justificatives. Comme le plus souvent on sollicite à la fois le concours de l'Etat et du Département, celui-ci alloue le dixième de la somme nécessaire, et son vote favorable est, pour le Ministre, une invitation à accorder les neuf autres dixièmes.

Les mandats sont, comme ceux de l'État, signés au nom et en faveur des Communes et non des Fabriques.

—————

CHAPITRE III.

—

CHARGES

de la

FABRIQUE

———•———

102. ——————— Les charges de la Fabrique sont.
1° Les frais du Culte ; - 2° Les honoraires et traitements des officiers
et serviteurs de l'Église ; - 3° L'exécution des fondations ; -
4° L'entretien des bâtiments paroissiaux ; - 5° Les Impôts

Pour être complète, cette liste des charges fabriciennes
devrait comprendre en outre les annuités d'emprunts
et le placement des sommes données à la Fabrique
pour être capitalisées. Mais nous avons déjà parlé
de la manière d'acquérir les rentes sur l'État

et nous parlerons des emprunts au Ch V. Nous n'aurons donc ici que cinq articles.

Article I

Les Frais du Culte

103 _____ Les frais ordinaires du culte constituent la première charge imputée à la Fabrique par la législation de 1809 (1) Ils comprennent 1° Tous les objets de consommation, tel que pain, vin d'autel, luminaire, encens combustible, huile... etc. 2° l'achat et l'entretien du mobilier, c. à. d. des meubles, linge, ornements, vases sacrés.

La Fabrique est tenue de procurer ces fournitures, non seulement pour la célébration des offices les jours de dimanche et de fêtes, mais pour toutes les messes des jours de la semaine, aussi bien aux vicaires de la paroisse qu'au Curé. Elle ne pourrait pas même imposer une taxe aux prêtres étrangers qui viendraient célébrer leur messe dans l'Église, pour y satisfaire leur dévotion, à moins que l'Evêque n'y consente expressément et sous la réserve que la taxe ne dépassa pas la valeur des frais occasionnés par ces messes.

104 _____ Le mobilier à fournir par la Fabrique. doit comprendre, au minimum, toute ce

7

qui est nécessaire pour la parfaite observation des règles liturgiques ; des ornements de toutes les couleurs prescrites, des vases sacrés en nombre suffisant, des encensoirs, lampes.. etc ; Toutefois on doit avoir égard, pour connaître le nombre et la qualité des objets, à l'importance plus ou moins grande de la paroisse, ainsi qu'à l'usage des lieux. Ainsi l'achat et l'entretien des Dalmatiques sont une dépense nécessaire dans les grandes paroisses seulement. L'Orgue et le calorifère ne sont obligatoires nullepart : mais là ou ils existent, les frais occasionnés par leur entretien et leur réparation, le traitement de l'organiste et le combustible sont rangés parmi les dépenses obligatoires.

105————————— L'achat des fournitures nécessaires aux besoins quotidiens du culte doit se faire par le Trésorier - Marguillier. Si le bureau des marguilliers a passé, à cet effet, un marché avec certains fournisseurs, le Trésorier ne peut que s'adresser à ceux-ci et se conformer aux clauses du contrat. Les fournisseurs doivent ensuite remettre une facture pour obtenir du Président du bureau un mandat de paiement. Mais le plus souvent le Bureau laisse au Curé le soin de faire tous les menus achats de mobilier et de consommation.

A cet effet, le Curé prend le titre de régisseur des dépenses. Il reçoit du président un mandat d'avance permanente (par exemple 50 francs), sans indications de crédit ni de destination spéciale Quand cette provision commence à s'épuiser, il se fait payer les dépenses effectuées, au moyen de mandats délivrés par le Président et qui portent mention des objets achetés ainsi que du crédit sur lequel ils doi-

doivent être payés. L'encaissement de ces mandats lui
permet de reconstituer son avance permanente au
laquelle il pourra dans l'avenir pourvoir aux menues
dépenses qui se présenteront. (1)

 L'avance permanente ne peut avoir pour objet que
l'achat des objets de consommation, et l'entretien du
mobilier. Elle ne peut dépasser le dixième du crédit ouvert pour ces articles. (2)

Article II

———

Traitement

des

Serviteurs de l'Église

———

 Nous avons déjà indiqué (N°. 35) le taux de l'allocation à attribuer au comptable de la Fabrique quand
celui-ci est distinct du trésorier marguillier. Il nous reste
à parler ici des charges de la Fabrique envers le Curé

1 Inst. Min. 15 D. 1893 art. 25

2° les Vicaires 3° les autres serviteurs de l'Église

§ : Supplément de traitement au Curé

106 ——————— Outre l'indemnité de logement qui, à défaut de presbytère, est une dépense rigoureusement obligatoire, la Fabrique peut allouer au Curé un supplément de traitement. Mais cette dépense étant entièrement facultative ne peut être maintenue dans le cas où elle priverait la Fabrique des sommes nécessaires au payement des grosses réparations faites ou à faire dans édifices paroissiaux.

Il n'en serait pas de même si cette allocation avait pour objet d'indemniser le Curé pour un service extraordinaire réclamé de lui par la Fabrique, comme serait la célébration de la messe le dimanche dans une chapelle éloignée Elle aurait alors le caractère d'une dépense nécessaire et obligatoire.

Il faut en dire autant quand le supplément de traitement est fourni par la Commune. Il n'est pas obligatoire pour celle-ci qu'autant qu'elle s'y est obligée par un contrat ou quasi-contrat pour rémunérer le Curé de fatigues extraordinaires qu'elle lui impose.

107 ——————— Dans certaines paroisses on met l'abonnement au Casuel, C'est un marché en vertu duquel le Curé cède à la fabrique ses droits casuels moyennant le paiement annuel d'une somme déterminée. Tous les droits curieux reviennent alors à la Fabrique, et ils entrent dans le budget tant en recette qu'en dépense.

Quelquefois l'abonnement au Casuel a lieu avec la Commune. Celle-ci en accordant l'abonnement a principalement en vue l'avantage des habitants qu'elle veut par là exonérer du paiement de droits curiaux. C'est pourquoi elle ne perçoit jamais elle-même ces droits.

§2 Traitement des Vicaires

108 _____ La Fabrique est tenue de faire le traitement d'autant de vicaires qu'il y en a de présents et légalement établis dans la paroisse. Il faut remarquer en effet que l'allocation fabricienne est le véritable traitement du vicaire ; celle accordée par l'État est un secours destiné à améliorer le sort des vicaires, non à remplacer le traitement de la Fabrique. C'est pour cette raison que les vicaires ne reçoivent rien de l'État dans les villes ou la population étant supérieure à 5000 âmes, il y a lieu de présumer que les Fabriques ont assez de ressources pour leur faire un traitement convenable (D 30 Déc. 1809. Art. 38, 39; Déc. minist. 7 mars 1981)

La subvention de l'État est présentement de 450 francs. Celle de la Fabrique est de 500 francs au plus, et de 300 francs au moins (1). L'une et l'autre sont payées par trimestre et courent du jour de la prise de possession.

109 _____ Puisque la Fabrique doit faire le traitement des Vicaires légalement établis, il est juste qu'aucun ne soit établi sans son consentement. C'est ce qu'a compris et ordonné le décret de 1809.

_____

1 D. 30-I. 1809 art 40

Il dispose en effet que le nombre des prêtres et des vicaires habitués à chaque Église sera fixé par l'Évêque, après que le marguil-liers en auront délibéré, et que le Conseil municipal de la Commune aura donné son avis (¹)

Il y a lieu à l'établissement d'un vicariat toutes les fois que la population est trop nombreuse, ou la circonscrip-tion trop étendue pour qu'un seul ecclésiastique puisse suffire à ses besoins. Les formalités à remplir sont: 1º Une délibération du Bureau des marguilliers concluant à l'établissement d'un Vicariat permanent. 2º l'avis du Conseil municipal; et 3º Le decret de l'autorité dio-ceraine qui établit le vicariat, et est communiqué au Préfet (²).

Pour obtenir que le Vicariat soit payé par l'État il faut le demander au ministre de Cultes et indi-quer dans la demande rédigée à cet effet par le Bureau, les renseignements suivants: 1º L'avis du Conseil municipal 2º la date d'établissement du vi-cariat; 3º les motifs qui l'ont déterminé 4º le canton et la commune - 5º le nom, la population et la superficie de la paroisse 6º l'état de communi-cation entre les diverses parties de la paroisse.

En dehors de leur traitement, les vicaires n'ont pas droit au logement, ni à une indemnité de logement. Ils perçoivent seulement les honoraires fixés par le tarif pour l'assistance aux services funèbres, convois et annuels.

§ 3 Paiement des employés extraordinaires ou inférieurs de l'Église.

110_____ Les Prêtres habitués sont des ecclésiastiques qui ont une place au chœur, sont admis à dire quotidiennement la messe dans l'Église et prêtent en retour quelquefois leur aide au clergé paroissial. Le nombre en est fixé par l'Évêque sur l'avis du Bureau des Marguilliers et du Conseil municipal.[1]

La Fabrique peut leur allouer une modeste subvention, mais n'y est pas tenue. Ils se contentent le plus souvent des honoraires attachés à l'assistance aux services religieux.

Les Prédicateurs extraordinaires sont nommés par le Bureau des Marguilliers sur la présentation du Curé.[2]

La Fabrique est tenue de payer les honoraires des prédicateurs qu'elle couvre pour les stations du Carême et autres solennités.[3] A cet effet elle porte chaque année un crédit au budget. Elle peut les payer elle-même directement ou allouer d'une manière indéterminée une somme au Curé, à qui elle confie le soin de la répartir aux Intéressés, vicaires ou prêtres étrangers.

Le paiement des prédicateurs est une dépense obligatoire dans les cathédrales, et autres églises importantes où les stations rétribuées sont en usage ; mais il est regardé comme purement facultatif dans les petites paroisses, et le Conseil municipal pourrait en exiger la suppression au budget avant de donner son concours pécuniaire pour les grosses réparations.

Les Employés inférieurs de l'Église peuvent être rangés en deux classes : ceux dont les services sont indispensables dans toutes les Églises, et ceux dont les services ne sont nécessaires que dans les églises les plus importantes.

A la première catégorie appartiennent : Sacristain, le chantre, le Sonneur, les enfants de chœur. Un traitement leur est dû par la Fabrique indépendamment des oblations tarifées auxquelles ils ont

---

[1] D' D 30 Décr 1809 art 58.

[2] Ibid art 52.

[3] Ibid. art 57.

droit pour leur assistance aux cérémonies religieuses de mariage, d'enterrement ou autres. Le sonneur doit en outre recevoir de la commune
une allocation pour les sonneries civiles quand il en est chargé.

Les fonctions de Suisse, Bedeau, Organiste, ne sont en usage que dans les villes ou les paroisses les plus importantes des campa-
gnes. Elles sont pour ces églises une dépense obligatoire ; mais il est
évident que dans les petites paroisses elles restent essentiellement facultatives, et devraient être supprimées avant que l'on puît exiger de la
Commune qu'elle subvint à l'insuffisance des ressources de la Fabrique
pour les grosses réparations

Article III

Des Fondations.

111 — On appelle Fondation, toute
Donation ou legs d'un capital quelconque destiné à assurer
la célébration de services religieux, soit à perpétuité, soit pendant
un temps déterminé.

Il y a donc fondation : 1° quand les services religieux doivent être répétés périodiquement à certaines dates fixes, et qu'un
capital est affecté à fournir les revenus nécessaires à leur célébration.
2° quand une somme est donnée à la Fabrique avec charge de faire
célébrer une fois pour toutes un nombre donné de services religieux
Mais il n'y aurait pas de fondation si le testateur, sans assigner
de somme pour l'exécution de ses intentions pieuses, se contentait d'imposer à ses héritiers ou légataires l'obligation de faire célébrer un certain
nombre de messes pour le repos de son âme. Ce serait une charge
imposée à la succession : mais la fabrique n'aurait aucune action
contre les héritiers pour les contraindre à exécuter ces sortes de dispositions.

112 ——————————— On distingue les fondations anciennes et les fondations nouvelles.

Les premières sont celles dont se trouvaient chargés les biens et revenus rendus aux Fabriques en vertu du décret du 7 thermidor an XI. Les fabriciens sont tenus de faire célébrer et de payer aux Curés, Desservants ou Vicaires les messes, obits, et autres services, dont ces biens étaient précédemment chargés [1]

Les fondations nouvelles sont celles qui ont été établies depuis le Concordat conformément aux règles concernant la matière.

La première règle demande que l'acte de fondation, si ce n'est pas un testament, soit fait par devant notaire. [2] Mais aucune loi n'exige que ce soit une donation entre vifs : ce peut être tout aussi bien une vente, un échange, une constitution de rente.

Outre cette règle générale, on doit observer toutes les conditions particulières à la nature de l'acte par lequel est établie la fondation. (Voir plus bas Ch. V.)

En troisième lieu, il faut l'acceptation formelle du Conseil de Fabrique par une délibération motivée. L'acceptation spéciale du Curé n'est nécessaire que dans le cas où la libéralité est faite à la mense curiale, ou quand les bienfaiteurs lui ont attribué une quote part du capital ou de la rente.

On doit ensuite demander l'approbation positive de l'Evêque, à qui il appartient de déterminer le nombre de services religieux à faire, et le taux des honoraires à payer aux prêtres.

Au vu de ces pièces et de toutes celles qui sont d'ailleurs exigées pour obtenir l'autorisation d'accepter la libéralité [3] le ministre fait rendre le décret qui permet l'établissement de la fondation projetée.

---

(1) D. 22 fructidor an XIII.

(2) Décis. minist. 22 déc. 1867

(3) Le détail en sera donné au ch. V.

113 —————————— Les fondations établies, les marguilliers veillent à leur exécution.

En conséquence ils doivent d'abord transcrire au registre-sommier l'acte de fondation selon ce qui a été dit au N. 25.

Ils inscrivent ensuite les services à exécuter sur le tableau des
fondations qui doit être affiché à la sacristie, tant pour rappeler
aux Marguilliers leurs devoirs à ce sujet que pour renseigner les
fidèles sur les fondations déjà existantes.[1]

Ils font célébrer par le Curé ou les Vicaires les services
fondés, en ayant soin de se conformer aux intentions des donateurs pour le temps, le lieu et la solennité fixés par eux. Ils
tiennent à cet effet ou font tenir par le Curé ou le sacristain
un registre analogue aux tableaux des fondations, dont nous
venons de parler, en y ajoutant une colonne pour indiquer
le montant des honoraires et une autre pour la signature du
prêtre qui certifie par cette signature que le service religieux a
été célébré et l'honoraire payé.

Enfin ils prennent toutes les précautions nécessaires pour
assurer la conservation intégrale du capital, le recouvrement
des arrérages et la parfaite exécution des intentions des fondateurs.

114 —————————— Quelle que soit la diligence
des marguilliers à remplir ces devoirs, il peut arriver qu'une
force majeure interrompe le paiement régulier des arrérages, diminue ou anéantisse le capital, ou même fasse cesser le culte
et les cérémonies dans l'Église.

Quand le paiement de la rente reste momentanément
suspendu, il y a lieu aussi de suspendre la célébration des services fondés, à moins que l'interruption ne provienne de la
part des fabriciens, auquel cas ceux-ci sont personnellement

_____

(1) On peut adopter pour ce tableau le modèle suivant.

tunus de réparer les conséquences de leur négligence.

Si une partie du capital vient à périr ou si les revenus sont tellement diminués que les fondations ne puissent plus être acquittées au taux primitivement fixé, il y a lieu à réduction. La réduction des services fondés ne peut être opérée ni par la Fabrique, ni par le Curé, ni par l'Évêque : elle est exclusivement réservée au Souverain Pontife.(1) Elle n'est pas accordée quand la diminution des revenus est imputable à la Fabrique.

De même, à plus forte raison, pour l'abolition totale de tout service. Elle n'est accordée que par le Pape, et dans le cas de force majeure.

Mais quand le culte est supprimé dans une église, ou que par le manque de prêtres elle n'a plus de messe que le dimanche, il y a lieu de transférer les services fondés dans une église voisine et cette translation peut être ordonnée par l'autorité diocésaine.

Tableau des Fondations

Date	Nature du service	Nom du fondateur	Date du titre	Nom du prêtre qui acquitte les fonds	Observations
15 Janv.	Messe chantée	M. A	Du	M. N	
8 Mars	Messe basse	M. B	Du..	M. P	

(1) Décret de la Congr. du Concile approuvé par Innocent XIII 23 Nov.   1697

Article IV

Entretien

des Edifices Paroissiaux.

Les devoirs de la Fabrique, en ce qui concerne les édifices paroissiaux, comprennent : 1° leur entretien et embellissement ; 2° l'exécution des réparations nécessaires.

§ 1er. Entretien et décoration des édifices.

115 — Le décret de 1809 range parmi les obligations de la Fabrique le soin de veiller à l'entretien des églises, presbytères et cimetières et celui de pourvoir à la décoration et à l'embellissement intérieur de l'Eglise.[1]

Le gardien officiel et surveillant légal de l'Eglise et du Presbytère est le Curé. Lui seul est détenteur des clefs avec le maire qui peut et doit avoir la clef du clocher pour l'exécution des sonneries civiles.[2] C'est donc à lui spécialement ou, à son défaut, au marguillier désigné par l'Evêque que revient le soin de veiller sur les édifices, et de provoquer toutes les mesures de conservation ou d'embellissement jugées nécessaires.

116 — La première de ces mesures

---

[1] D. 30 déc. 1809. art 37
[2] — 5 avril 1884. art.101

conservatrices est l'assurance contre l'incendie [*]. Elle est fortement recommandée par plusieurs circulaires ministérielles, et les grandes compagnies l'encouragent en octroyant aux Fabriques un rabais de 10 à 20 p. % , sur les prix du tarif général.

La police d'assurance est passée et signée par le trésorier, avec l'autorisation du Bureau, et chaque année les frais sont portés au budget et constituent une dépense obligatoire.

117 ———————— La seconde espèce de mesures conservatoires comprend toutes les précautions nécessaires destinées à prévenir les dégradations, telles que l'établissement des chéneaux pour recueillir les eaux pluviales, la pose des pavés aux pieds des murs, et le drainage du pourtour de l'édifice pour éloigner l'humidité, le recrépissage des parties endommagées, des voûtes, etc..

Toutes ces dépenses sont faites à l'instigation du Curé par les soins du trésorier, ou, si elles ont quelque importance, du Bureau tout entier. Elles sont faites par économie, c'est-à-dire sans marché, ni adjudication, sous la direction et la surveillance immédiate des marguilliers.

118 ———————— Les dépenses d'embellissement sont de deux sortes. Les unes consistent dans les travaux de décoration provisoire et passagère pour une fête ou une solemnité, et ont plus ou moins d'importance selon les usages et les traditions des lieux. Ces travaux rentrent dans l'organisation du culte; leur exécution relève exclusivement de l'autorité du Curé. La dépense est votée par le Bureau ou par le Conseil, selon son importance, sur les propositions du Curé.

———————————

[*] 2 avril 1827 : 9 août 1842..etc..

Les autres embellissements ont un caractère de permanence et de durée qui pourrait quelquefois les faire classer parmi les travaux importants à faire aux édifices. Tels sont le blanchissage des murs, l'acquisition de verrières ou chemins de la croix, la restauration des tableaux ou des fresques. On peut les regarder comme une dépense obligatoire pour la Fabrique. Leur exécution se fait par économie ou par adjudication selon qu'ils constituent des dépenses de simple entretien ou de grandes réparations.

§2. Des réparations aux édifices.

119 _____ Les réparations aux édifices paroissiaux constituent une dépense obligatoire au premier chef pour la Fabrique, et pour la Commune à défaut de la Fabrique.

Si l'on considère le mode d'exécution des travaux, elles sont de deux espèces : les réparations faites par économie, et les réparations avec approbation et adjudication.

Les réparations par économie se font, comme nous l'avons dit, sans entreprise ni marché, sous la direction et la surveillance immédiate des marguilliers ou de l'un d'eux.

Cette manière de procéder est permise toutes les fois que la dépense des travaux peut être votée par le Bureau des marguilliers ou par le Conseil de Fabrique sans formalités ni approbation de l'autorité supérieure. L'on sait que le Bureau ordonne de sa seule autorité les dépenses inférieures à 50 f. ou à 100 fr., et le Conseil les dépenses au-dessous de 100 f. ou de 200 f. selon que le chiffre de la population est inférieur ou supérieur à mille âmes. Quand donc la dépense ne dépasse pas ces chiffres, elle se fait sur l'ordre du Bureau ou du

Conseil par économie.[1]

130 _____ Au dessus de ces mêmes chif-
fres, les réparations doivent se faire selon les formalités suivantes:

1: Délibération motivée du Conseil de Fabrique pour constater
la nécessité des travaux, voter la dépense et ordonner l'exécution.

2: Établissement par un architecte ou tout autre personnage
compétent des plans des travaux et du devis estimatif de la dépense. Le choix de l'architecte appartient au maire, quand la
commune fait la moitié ou la totalité de la dépense, dans le
cas contraire à la Fabrique.[2]

3: Avis du Conseil municipal, même si la commune ne contri-
bue pas à la dépense.[3]

4: Avis conforme de l'Évêque.[4]

5: Approbation du Préfet si le devis n'est pas supérieur à 30.000f
Lorsque la dépense doit dépasser ce chiffre, ou que les avis de l'É-
vêque et du Préfet sont opposés, l'approbation du projet de réparation est réservée au ministre des Cultes.[5]

6: On rédige ensuite le cahier des charges, dans lequel doivent
être mentionnés les travaux à faire, le jour, l'heure et le mode d'adjudication, les obligations imposées à l'entrepreneur, les cautions à
fournir, la qualité des matériaux à employer, la date extrême
de la réception des travaux, le mode et les époques de paiement, etc.

7: L'adjudication se fait, après affichage préalable, soit au rabais sur un prix maximum, soit par soumissions cachetées.

---

(1). Ord. du 8 août 1821. Circ. minis. 29 déc 1834 - D. 30 déc. 1809 art. 41. 42.

(2) D. 30 déc. 1809. art. 42.

(3) L. 18 juillet 1837. art. 19

(4) D. 30 déc. 1809. art. 12. 42. 47

(5). Ord. 8 août 1821. art. 6

soit à la chaleur des enchères. Il est dressé séance tenante un procès-verbal qui sert de marché s'il est signé par l'adjudicataire. On peut aussi faire le marché séparément et rédiger le procès-verbal au registre des délibérations du Bureau. (1).

8°. L'adjudication doit être revêtue de l'approbation préfectorale laquelle est ensuite notifiée au concessionnaire ; alors seulement le marché est définitif. (2).

121. —————— . Les travaux sont ensuite exécutés sous la direction de l'Architecte et du Maire, quand la commune paie la moitié de la dépense, ou du Président du Bureau et du Trésorier quand la Fabrique en paie la majeure partie. En toute hypothèse, la Fabrique peut exercer la surveillance qu'elle juge utile, faire arrêter les travaux défectueux, et en référer à l'Évêque et au Préfet, si l'on passe outre à ses observations. (3).

Les travaux terminés, celui à qui appartenait la direction en fait la réception, assisté s'il veut d'un architecte. Il constate que toutes les prévisions des plans et les conditions du cahier des charges ont été fidèlement accomplies. Il dresse un procès-verbal de réception, en vertu duquel l'entrepreneur pourra obtenir le solde de ses fournitures. (4).

Nous disons le solde : c'est qu'en effet le paiement se fait le plus souvent par parties au fur et à mesure que les différents lots de travaux sont terminés, on les reçoit en établissant un compte estimatif de l'œuvre exécutée, et l'on paie sur

---

(1) D. 30 déc. 1809, art. 42.

(2) ord. 14 nov. 1837, art. 10. Il semble que l'article 63 de la loi du 5 avril 1884 dispense les communes de l'approbation du Préfet : on pourrait peut-être étendre ce privilège aux Fabriques.

(3) Déus. minus 31 août 1854.

(4) D. 30 déc. 1809, art. 42.

ce mémoire une avance qui est toujours inférieure au montant de l'estimation. Quand tout est terminé, on procède à la réception totale et définitive, et l'ordonnateur délivre le mandat pour solde.

122_____ Outre ces formalités qui sont nécessaires pour l'exécution des travaux supérieurs à 100 ou 200 fr., il en est d'autres exigées par la nature particulière des travaux ou des édifices.

Quand une église est classée comme monument historique, on ne peut y faire de changements, réparations ou embellissements qu'avec l'approbation des ministres des cultes et des Beaux-Arts, quelle que soit d'ailleurs l'importance de la dépense[1].

De plus on ne peut faire de changements importants dans une église sans l'autorisation de l'Évêque et du Préfet. Si l'église est mixte, aucune modification dans la disposition intérieure de l'édifice ne peut être faite sans la permission du ministre des cultes.[2]

De même pour les agrandissements.

123_____ Pour la reconstruction d'un édifice paroissial, des difficultés peuvent se présenter au sujet de l'emplacement à choisir. Les considérations à faire pour ce choix se tirent de la facilité des communications, de la distance moyenne que les fidèles auront à parcourir, de la possibilité d'isoler l'édifice des habitations privées, etc. La désignation de l'emplacement se fait de concert entre la Fabrique et la municipalité. S'il s'agit du Presbytère, le curé doit donner son avis.

Il faut remarquer que les cimetières ne peuvent servir de place à bâtir que dix ans après qu'ils ont cessé de recevoir des morts.[3]

---

(1) Circ. minist. 6 août et 29 juin 1841

(2) Arrêté du 22 avril 1843.

(3) L. 6-15 mai 1791.

L'église reconstruite doit recevoir la bénédiction ou la consécration des mains de l'Evêque diocésain, ou en vertu de son autorisation. La cérémonie de consécration entraîne des frais qui retombent légalement à la charge de la Fabrique; mais les communes consentent d'ordinaire à les supporter et les font entrer parmi l'ensemble des frais de construction.

Article V.

Des Impôts.

Les impôts se divisent communément en **Directs** et **Indirects**. Nous parlerons des uns et des autres en deux paragraphes distincts

§ 1. Des impôts directs.

134 ——————— Les impôts dont sont frappés les biens des fabriques sont l'impôt foncier, la taxe de main-morte, et la contribution des portes et fenêtres. La contribution mobilière a le caractère d'une taxe personnelle, et n'atteint pas la Fabrique.

L'impôt foncier est celui qui atteint la propriété immobilière, bâtie ou non bâtie, d'après l'élévation du revenu imposable. Or le revenu imposable est évalué à la moyenne du produit net calculé sur les quinze dernières années déduction faite des deux plus fortes et des deux plus faibles Il est différent suivant qu'il s'agit d'une propriété bâtie ou non bâtie.

La contribution foncière se compose de deux parties:

le principal, qui est fixe, et les centimes additionnels votés chaque année par le conseil général de chaque département, ou le conseil municipal, en vertu de l'autorisation accordée par la loi annuelle de finances. Le maximum fixé par cette loi ne peut être dépassé.

En principe, les Fabriques sont tenues de payer la contribution foncière, tant en principal qu'en centimes additionnels, pour tous ceux de leurs biens immobiliers qui sont productifs de revenus. Telles sont les vignes, les maisons et autres propriétés de rapport. [1]

Sont exemptés de l'impôt foncier les biens immobiliers qui : 1° sont une propriété publique, (et c'est le cas de tous les biens de Fabrique) ; 2° ne produisent pas de revenu ; 3° sont affectés à un service public. [2]

D'après cela, on peut regarder comme jouissant de l'exemption : 1° Les églises et chapelles publiques, mais non la chapelle privée d'une communauté religieuse ; 2° Les archevêchés, évêchés et presbytères avec leurs dépendances, telles que granges, écuries, remises, jardins potagers ou d'agrément ; 3° Les séminaires avec leurs dépendances immédiates, ect. Mais la maison privée où serait logé le curé, moyennant indemnité, reste soumise à la contribution foncière. De même une parcelle de terrain qui ne ferait pas partie de la dotation de la cure.

12 5._____ On appelle biens de main-morte des biens appartenant à des personnes morales dont la durée se prolonge indéfiniment.

---

(1) L 3 frim. an VIII, art. 110.

(2) Ibis.

En raison de la permanence indéfinie de la personne morale, ces biens ne sont pas soumis aux mutations périodiques qui atteignent les autres immeubles lors du décès de leur propriétaire. Pour compenser la perte subie de ce chef par le fisc, et remplacer l'impôt de mutation, l'État a institué l'impôt de main-morte, lequel est calculé de manière à équivaloir l'impôt de mutation. (1).

L'impôt de main-morte est une surtaxe de 87 centimes 1/2 par franc, ajoutée au principal de la contribution foncière, sur les propriétés des établissements publics. Il n'existe pas en dehors de l'impôt foncier, et les immeubles exempts de celui-ci le sont aussi de celui-là.

126 _____ L'impôt des portes et fenêtres, que la loi met à la charge du propriétaire est proportionnel au nombre des ouvertures des bâtiments servant d'habitation. On ne compte pas dans l'évaluation de cette taxe les ouvertures des pièces consacrées à un service public, ni celles des granges, greniers, caves, bergeries ou autres locaux non destinés à l'habitation des hommes, ni celles des combles ou de la toiture. Sont au contraire atteintes par cet impôt toutes les fenêtres et portes des appartements occupés soit qu'elles donnent sur les rues, places, chemins, ou, dans l'intérieur, sur les cours et jardins. (2).

Les bâtiments des fabriques sont sujets à cette contribution s'ils servent à l'habitation d'un particulier. (3).

Tels sont : 1° Les archevêchés, évêchés, et presbytères, pour la partie du moins qui sert réellement d'habitation à l'Évêque, au curé, ou aux personnes de leur maison;

---

(1). - L. 20 fév. 1849.

(2). - L. 4 frim. au VII. Inst. minis. 24 fév. au VII.

(3). - L. 4 frim. au VII. L. 21 avril. 1832. art. 47.

2: Les appartements occupés même gratuitement par des ecclésiastiques ou des laïques dans les mêmes bâtiments.

En sont au contraire exempts : 1: Les églises et leurs
dépendances ; 2° les parties du presbytère qui restent sans destination, parce que le curé a déclaré ne pas vouloir les occuper, ni les faire occuper.

27 _ _ _____ Les rôles des contributions di-
rectes sont dressés chaque année, et publiés. Chacun peut
en prendre connaissance à la mairie, trois mois de délai sont
accordés pour réclamer contre les erreurs commises par les
répartiteurs.

Trois cas peuvent se présenter, auxquels les réclamations
des contribuables sont admissibles :

1: Quand la taxe imposée n'est pas due : il y a lieu
de demander en ce cas la décharge totale de la contribution.

2: Quand la taxe est exagéré : on peut en demander
la réduction.

3: Quand, par suite des pertes survenues depuis l'établissement des rôles, le contribuable est dans l'impossibilité de
payer sa cote : il peut en demander la remise totale, ou
tout au moins la modération.

Les demandes en décharge ou en réduction sont
adressées au Conseil de Préfecture, dans le délai de trois
mois après l'émission des rôles ; si ce tribunal refuse d'y
faire droit, on peut en appeler au Conseil d'État. (1).
Les demandes en remise ou modération sont adressées
dans les quinze jours qui suivent l'événement malheureux
dont le contribuable a été la victime. C'est au Préfet
seul qu'il appartient d'accorder la faveur sollicitée ;

_____

(1). L. 13 brumaire, an VII, art. 1er.

en cas de refus, il n'y a de recours qu'au ministre des Finances.

§.2 Des impôts indirects

Les seuls dont les Fabriques ont à se préoccuper sont : 1º le Timbre ; 2º l'Enregistrement.

1º Du Timbre.

128.——————— L'impôt du timbre est établi sur tous les papiers destinés aux actes civils et judiciaires et aux écritures qui peuvent être produites en justice et y faire foi.

Il y a trois espèces de timbre :

1º Le timbre de dimension, ainsi appelé parce que le droit varie suivant les dimensions du papier. La feuille simple de papier timbré coûte 0ᶠ60 ; la feuille double coûte suivant sa dimension 1ᶠ20, 1ᶠ80, 2ᶠ40, ou 3ᶠ60. Il y a donc quatre dimensions de papier timbré.

2º Le timbre proportionnel, dont le prix varie suivant les sommes qui doivent y être exprimées. Il frappe les effets de commerce, les actions, obligations, titres de rente, les billets de reconnaissance des sommes dûes.

3º Le timbre de quittance, et autres timbres analogues, comme le timbre des affiches, le timbre sur les chèques, etc...

129.——————— Le timbre de dimension est obligatoire pour la confection de tout acte susceptible d'être produit en justice, que ces actes soient publics ou sous seing privé. (1)

_____

(1) L. 13 brum. an VII. art. 1ᵉ

On peut à volonté se servir du papier spécial que la régie vend tout timbré, ou faire timbrer un autre papier avant d'en faire usage. Mais on doit toujours veiller à ne jamais couvrir d'écritures, ni altérer l'empreinte du timbre, sous peine de 5 francs d'amende.

Quiconque contrevient aux prescriptions de la loi, et fait indûment usage de papier libre, encourt une amende de 62,50 : mais l'acte n'en est pas moins valable.

130. _____ Les actes des fabriques soumis au timbre de dimension sont :

1° Tous les actes soumis à la formalité de l'enregistrement : actes de fondations de services religieux, actes portant transmission de propriété, jouissance, usufruit, droit de toute nature, etc. (Voir ci-dessous).

2° Les adjudications et marchés de toute nature aux enchères, au rabais ou sur soumission ainsi que les marchés écrits passés de gré à gré avec les fournisseurs.

3° Les cautionnements relatifs aux actes susdits.

4° Les procès-verbaux de location, souscription, abonnements, dressés dans la forme administrative et revêtus des signatures des parties prenantes ou donantes

5° La copie des comptes exigée par le comptable pour sa décharge.

6° Le certificat de vie du donateur joint au dossier de demande en autorisation pour accepter une donation.

7° Le consentement des héritiers naturels à la délivrance du legs.

8° Le procès-verbal et le plan des biens légués ou donnés à la Fabrique.

9° Tous les mémoires et toutes les factures délivrées au Comptable ou au Trésorier, et portant mention d'une dépense de plus de dix francs. On évite l'obligation du timbre

de dimension en employant une quittance explicative analogue à celle donnée ci-dessus en note. p.88.

10: L'expédition de la délibération au Conseil de Fabrique délivrée au donateur de l'Eglise pour lui servir de
titre de possession du Banc qui lui a été concédé en vertu de
cette même délibération.

11: L'expédition de la délibération délivrée au Comptable et par laquelle le Conseil donne à celui-ci pleine dé-
-charge pour les actes de sa gestion.

131._____ Sont exempts du timbre tous
les actes qui sont de simple administration intérieure, savoir:

1: Tous les registres des Fabriques. (1).

2: Les cahiers des charges ; mais la reproduction de
ces cahiers introduite dans l'adjudication ou annexée au
marché doit être timbrée.

3: Les mandats émis par l'ordonnateur.

4: Les doubles et copies des comptes et des budgets envoyés à la Mairie, à l'Evêché, ou à la Préfecture à un titre quelconque.

5: Les expéditions des délibérations du Conseil de Fabrique destinées à renseigner l'autorité supérieure, pourvu
qu'il y soit fait mention de cette destination.

6: L'acte de décès du testateur délivré avec la mention
à titre de renseignement administratif.

7: Le certificat établissant le nombre et le degré des
héritiers

8: Les mémoires présentés à l'autorité supérieure à
l'appui à une demande en autorisation.

9: Le double des expéditions des actes pour lesquels on
sollicite l'autorisation supérieure. (2).

_____

(1). D. 30 dée 1809 art. 81: Just. emit 1.er dée 1893. art.76.

(2). Cf. Affre. Traité de l'administration des paroisses, édit 1884. p.54.

10: Les copies ou extraits d'actes produits à l'appui des comptes à titre de justifications, sous la condition qu'ils seront délivrés par les comptables ou le Président du Bureau, et qu'ils feront mention de leur destination. (1)

132. _____ Le timbre proportionnel frappe, comme il a été déjà dit, le billet à ordre, le billet simple, la lettre de change ou traite, en un mot tous les effets de commerce ainsique les actions, obligations titres de rente, etc.

La Fabrique ne jouit d'aucune exemption à l'égard de cette taxe : elle doit donc se mettre en règle, toutes les fois qu'elle fait usage des billets que nous venons d'énumérer.

En cas de contravention, elle aurait à payer, outre le timbre, une amende de 7.50 p. % décimes compris du montant du billet ; sans préjudice des amendes pareilles qui pourrait atteindre le destinataire et le premier porteur dudit billet. (2).

133. _____ Le timbre de quittance doit être apposé à tout écrit signé ou non signé portant quittance ou acquit de sommes supérieures à 10⁵ ou acompte, ou solde sur des sommes supérieures à 10⁵ ou enfin reçu ou décharge de titres, valeurs et objets quelconques.

Dès qu'un écrit constate qu'on a reçu une somme supérieure à 10⁵ ou un objet quelconque, il doit être revêtu du timbre-quittance. Une quittance délivrée par duplicata n'en est pas exempte, ni même une lettre dans laquelle on annonce qu'on a reçu un objet ou une somme.

L'amende en cas de contravention s'élève à 50⁵ plus deux décimes et demi, soit 62⁵50.

---

(1). Jus-minis. 15 Déc. 1893, art. 16.

(2). Gouget, t. c. 26, 27, 28, 29, 30, 31.

Le timbre est dû par le débiteur (celui qui verse la somme ou remet l'objet), et l'amende atteint le créancier ; car c'est à celui-ci que la loi impose l'obligation d'apposer et d'oblitérer le timbre.

L'oblitération se fait en écrivant la date du jour et la signature sur le timbre de telle manière que, l'écriture dépassant à droite et à gauche, couvre à la fois le timbre et le papier environnant. L'omission de la date ou de la signature entraîne l'amende de 2^f, 50. (1).

134. ———————— Les timbres-quittances sont de deux prix : 0^{f}10 et 0^{f}25.

En principe le timbre de 0^{f}10 est dû, quand la Fabrique paie une dette ou fait un versement, et celui de 0^{f}25 quand elle fait une recette.

Le timbre de 0^{f}10 est donc requis pour toutes les quittances délivrées au comptable par les fournisseurs ou employés de la Fabrique, en décharge d'un paiement d'une somme supérieure à 10^f, ou d'un acompte ou d'un solde sur une somme supérieure à 10^f.

Par exception, le timbre de 0^{f}10 est encore applicable au lieu de celui de 0^{f}25, pour les quittances délivrées aux paroissiens par le régisseur des recettes, en acquit des droits perçus à l'occasion des services funèbres et autres cérémonies du culte, conformément aux tarifs légalement approuvés.

Mais il y a lieu d'employer le timbre de 0^{f}25 : 1° si ces mêmes droits casuels sont perçus directement par le comptable; 2° toutes les fois que celui-ci, ayant fait une recette, extrait une quittance de son journal à souche, et la délivre à la partie versante, pourvu toujours que la recette excède 10^f, ou ait pour objet soit un acompte, soit un paiement final sur une somme

(1). Goujet : Timbre, enregistrement, hypothèques, N° 5, 6, 7, 16, 17, 18, 19.

supérieure à ce chiffre ;

Sont exempts de tout timbre les quittances se rapportant à des opérations d'ordre. Telles sont : 1° les quittances remises par le comptable au régisseur des recettes pour les versements mensuels des droits perçus à l'occasion des services funèbres et autres cérémonies ; 2° les quittances délivrées au curé, ou à l'ecclésiastique délégué, quand celui-ci verse à la caisse du comptable les produits des quêtes et des troncs, ou le produit des bancs et des chaises lorsque ce produit est perçu en régie, par un préposé de la Fabrique, de la manière indiquée plus haut, n° 70. (1).

Il faut noter encore que les timbres de 0f25 acquis par le comptable pour l'usage de la Fabrique sont déposés dans sa caisse et entièrement assimilés aux espèces métalliques. Il n'a par conséquent aucune écriture à passer soit pour constater l'achat des timbres, soit pour constater le remboursement de leur prix par les débiteurs à qui il est remis une quittance. (2).

135.———————— Les affiches soumises à la formalité du timbre sont : 1° Les affiches imprimées, lithographiées, signées ou non signées, apposées dans l'intérêt de la fabrique pour annoncer des adjudications aux enchères ou au rabais ; 2° Les affiches manuscrites apposées dans le même but.

Sont au contraire exemptes : 1° les affiches apposées par l'autorité publique (Curé, conseil ou Bureau) pour l'intérêt général, les cérémonies, l'exécution des mesures d'ordre et de police ; 2° Celles annonçant les coupes de bois des Fabriques 3° l'affiche manuscrite apposée dans l'intérêt de la Fabrique pour annoncer la location ou la vente de la maison même où l'affiche est apposée. (3).

---

(1). Inst. minist 15 Déc 1893, art 19, 31, 32.   (3) Sollier, 83, 84.

(2). Ibid.

Le prix du timbre varie avec la dimension de l'affiche : 0f.05 pour les feuilles qui ne dépassent pas 12 décimètres carrés ; 0f.13 pour les feuilles d'une dimension supérieure jusqu'à 25 décimètres carrés ; 0f.18 pour les feuilles de 25 à 50 décimètres carrés ; et 0f.24 pour celles qui ont une superficie plus étendue (1).

Les affiches peintes sont soumises à des taxes spéciales déterminées par la loi du 26 Déc. 1890. art. 5, et par la loi du 26 juillet 1893 art. 19.

136._____ Les affiches qui sont sujettes au timbre comme ayant pour objet l'intérêt privé des établissements public doivent être sur papier de couleur. Le timbre doit être frappé ou collé avant l'impression ou la rédaction de l'affiche. On l'annule ensuite en écrivant dessus, soit deux lignes de l'affiche, soit la date et la signature, ou encore en y apposant une griffe à l'encre grasse portant le nom et la résidence de celui qui fait apposer l'affiche.

L'omission du timbre, ainsi que l'emploi d'un timbre indûment oblitéré, entraîne une amende de 25 francs. (2.)

II°. De l'enregistrement.

137._____ Les droits d'enregistrement se divisent en deux classes : 1° les droits fixes, 2° les droits proportionnels. (3).

Le droit fixe est imposé aux actes qui ne constatent ni obligations, ni libérations, ni condamnations pécuniaires, et qui ne sont point relatifs à des mutations ou transmissions de biens.

---

(1) Gaujet - 14.

(2) Gaujet - l.c. 14.

(3) Les droits gradués ont été supprimés par la loi du 28 avril 1893 - art. 19.

Tels sont : les certificats de vie, les renonciations judiciaires ou extrajudiciaires, les cahiers de charges rédigés séparément,
et annexés aux adjudications et marchés, les transactions, les
testaments, etc..

138.——————— Les droits proportionnels
frappent les actes qui constatent des obligations pécuniaires,
des libérations, des trans-missions de biens. Les acquisitions
d'immeubles, donations, marchés, successions ; les baux des biens
immeubles, quand ils sont écrits, ou que, n'étant pas écrits, ils
excèdent une durée de trois ans, ou le prix de 100 francs ; les
baux écrits des biens meubles ; les actes portant établissement d'u-
ne fondation de services religieux ; les adjudications de toute nature, les marchés pour fournitures et travaux ; et enfin, les cautionnements relatifs à ces actes. (1)

Sont aussi soumis au droit proportionnel, les actes
suivants autrefois frappés seulement du droit gradué :

1° Au droit de 15 centimes p. %, les partages de biens,
meubles et immeubles, entre copropriétaires, cohéritiers et coasso-
ciés.

2° Au droit de 20 centimes p %, les actes de société ; les
actes translatifs de propriété, d'usufruit ou de jouissance de
biens immeubles situés à l'étranger ; les délivrances de legs ;
les consentements à mainlevées d'hypothèques ; les titres nou-
vels de rente. (2)

139——————— Les délais accordés pour rem-
plir la formalité de l'enregistrement ne commencent à cou-
rir que du jour où l'acte est à la fois signé par les parties
intéressées, et approuvé par l'autorité supérieure ; car il n'est
parfait que s'il réunit ces deux conditions. C'est pourquoi, tout

---

(1) Voir Monde Lois Françaises expliquées. p. 414 Sollier, passim, Gouget, lettr.
41-42-43 et et ailleurs, passim. Affre l. o. etc..
(2) Loi du 28 fév. 1872, et du 28 avril 1893. art 9.

acte dressé par la Fabrique et sujet à l'enregistrement doit contenir la mention expresse que son exécution est suspendue jusqu'à l'approbation de l'autorité supérieure : sinon il est censé parfait de lui-même, et le délai d'enregistrement court de la date de la signature. (1).

Les délais accordés sont :

Six mois, pour les mutations par décès.

Vingt jours, pour tous les actes administratifs sujets à l'enregistrement.

Quinze jours, pour les actes notariés concernant les baux et les ventes de biens des établissements publics. (2).

140._____ Outre l'enregistrement, les actes portant transmission de biens susceptibles d'hypothèques doivent encore être soumis à la formalité de la transcription au bureau des hypothèques.

Sans cette dernière formalité l'acte n'est pas encore parfait, et il ne constituerait pas un vrai titre de propriété opposable aux revendications d'une tierce personne.

Sont susceptibles d'hypothèques : 1° tous les biens immeubles qui sont dans le commerce ; 2° leurs accessoires ; 3° l'usufruit de ces mêmes biens et accessoires.

Il y a donc lieu de soumettre à la transcription hypothécaire les actes de donation, ventes et autres portant transmission de ces biens.

Nota.

141.____ ____ Les comptables des Fabriques doivent communiquer, sans déplacer, à toute réquisition aux

_____

(1) Voir les auteurs cités plus haut.

préposés de l'enregistrement, leurs registres et minutes d'actes, à l'effet, par ces préposés, de s'assurer de l'exécution des lois sur le timbre et l'enregistrement. (1).

Le vérificateur de l'enregistrement n'a pas à juger le contenu de la pièce examinée, ni la forme employée dans la rédaction de l'acte ; il constate seulement, si, étant donné la nature de la pièce, les lois du timbre et de l'enregistrement ont été observées.

La représentation des documents dont la communication est demandée doit être faite dans le lieu même où ils sont déposés. Les dépositaires ne sauraient obliger les agents de l'enregistrement à se placer dans un autre local pour procéder à leurs opérations. D'un autre côté, il est interdit à ces agents de déplacer aucune pièce.

Ils doivent faire leurs vérifications eux-mêmes, non par délégués, être porteurs de leur commission pour en justifier au besoin. Leurs séances ne peuvent avoir lieu les jours de repos, ni durer plus de quatre heures par jour.

Les pièces à communiquer sont :

1° En principe tous les actes soumis aux lois du timbre et de l'enregistrement.

2° En conséquence, les livres, registres et pièces de comptabilité au moyen desquels les agents pourront connaître quels sont les actes de comptabilité fabricienne soumis à ces lois.

Le refus de communication fait par le comptable de la fabrique n'est possible d'aucune peine, le décret du 4 messidor, an VIII, n'en ayant pas prononcé contre les receveurs des communes et établissements publics.

_____

CHAPITRE IV

COMPTABILITÉ

DES

FABRIQUES.

La comptabilité des fabriques comprend trois séries d'opérations : 1.° l'établissement du budget ; — 2.° son exécution ; — 3.° la reddition des comptes.

Article I

Établissement du Budget.

Trois pagraphes en cet article : 1.° Règles géné-

rales concernant les différents budgets ; _ 2: Du budget primitif ;
3: Du budget supplémentaire.

§ . 1. Du budget en général.

    142._____ On appelle BUDGET d'une fabrique le tableau des recettes et des dépenses prévues, pour une année, par le Conseil de cette Fabrique.

    Les prévisions de recettes sont fixées d'après les indications du compte précédent, et les nouveaux titres et droits acquis par la Fabrique.

    Les sommes allouées pour le paiement des dépenses s'appellent crédits. Aucune dépense ne peut être faite s'il n'existe un crédit ouvert pour la couvrir.

    D'après cela, il est évident qu'aucune fabrique quelle que soit sa situation financière, ne peut se dispenser d'établir annuellement son budget (¹) car il est de toute nécessité, pour elle, de prévoir les dépenses qu'elle sera obligé de faire, et les recettes au moyen desquelles elle pourra les couvrir.

    143._____ Il y a deux sortes de budgets le budget primitif, qui est dressé par la Fabrique avant le commencement de l'année à laquelle il se rapporte et dont il porte le nom ; et le budget supplémentaire, qui a pour but de prévoir et d'autoriser, s'il y a lieu, de nouvelles recettes ou dépenses, qui n'ont pu être prévues à l'époque ou le budget primitif a été voté. (2).

    Chacun d'eux peut comprendre deux parties, appelées, l'une budget ordinaire, l'autre budget extraordinaire.

_____

(1) _ D. 30 Déc. 1809 . Art. 45 et suiv._ Inst. minis. 15 Déc. 1893 , art. 8.

(2) _ Inst. minis . 15 Déc. 1893 , art. 8 et passim.

La distinction entre ces deux parties n'est pas tellement accentuée qu'on puisse toujours savoir facilement dans quel budget, de l'ordinaire ou de l'extraordinaire, il convient de classer certaines recettes ou dépenses.

Toutefois, si l'on examine avec attention le modèle officiel du budget extraordinaire, on voit qu'il ne parle que de Recettes de Capitaux[1]; tandis que le budget ordinaire comprend exclusivement des Recettes de revenus. Il suit de là que les dépenses extraordinaires s'effectuent régulièrement par l'emploi des revenus fabriciens. Une même dépense, les réparations au presbytère, par exemple, sera réputée ordinaire, si elle est effectuée au moyen des revenus de la fabrique, et extraordinaire, si elle est faite par l'emploi d'un capital.

Le Critérium de distinction des deux budgets se trouve ainsi dans la nature des ressources, — revenus ou capitaux — dont on y prévoit la recette et la dépense. Toutefois, ce principe n'est pas d'une rigueur si absolue, qu'il n'y puisse être fait aucune dérogation.

Il peut arriver, en effet, que les recettes ordinaires des revenus soient insuffisantes pour couvrir la totalité des dépenses ordinaires même les plus indispensables. En ce cas, s'il y a des ressources extraordinaires, c'est-à-dire de capitaux, on peut opérer sur leur montant un prélèvement suffisant pour mettre en équilibre le budget ordinaire.

144. ——————— Mais avant d'entrer dans l'examen détaillé des différents budgets, il importe de prémettre quelques principes communs à tous.

1° ———— Le budget, étant essentiellement un tableau de prévision, doit être dressé préalablement à toute dépense. — Outre le budget primitif qui est établi neuf mois avant le temps où il doit être mis en exécution, on peut établir ensuite différents budgets

_____

[1]. — D. 27 mars 1893 · art 18.

supplémentaires ou chapitres additionnels au budget pour fixer les recettes et dépenses non prévues au budget primitif. Ils sont votés par le Bureau ou par le Conseil, selon que les dépenses sont inférieures à 50 francs dans les paroisses de moins de 1000 âmes, et à 100 f dans les autres paroisses. Au-delà de 100 f dans les premières et de 200 f dans les secondes, l'approbation de l'autorité diocésaine devient nécessaire.

145 __ II __ Les prévisions de dépenses ne peuvent excéder les prévisions de recettes. Il serait, en effet, déraisonnable de voter une dépense, sans prévoir, avec une probabilité sérieuse, comment on la paiera.

La conséquence de ce principe est que le budget doit être équilibré, c'est-à-dire que le total des recettes prévues doit au moins égaler le total des dépenses prévues dans le même budget.

Que faire si les prévisions de dépenses sont, en fait, supérieures aux prévisions des recettes ? Le premier devoir des fabriciens, en ce cas, est d'examiner avec un soin minutieux tous les articles de leur budget, afin d'utiliser au mieux toutes les ressources disponibles, et de réduire les dépenses au strict minimum. Cela fait, ils peuvent invoquer le secours de la commune, qui n'est obligatoire pour celle-ci que quand il y a de grosses réparations à faire, ou une indemnité de logement à payer au curé. Si la commune ne peut ou ne veut pas venir en aide à la fabrique, il y a lieu de recourir à un emprunt dans les conditions qui seront indiquées ci-dessous. Et quand tous ces moyens sont impraticables ou insuffisants, il ne reste qu'à supprimer le culte ou à le maintenir par la charité des fidèles.

146 __ III __ Les crédits ouverts pour les dépenses de chaque article, ne peuvent être employés à l'acquittement des dépenses d'un autre article. (1). L'opéra-

---

(1) _ Ins. minis. 15 Déc. 1893. art. 32.

tion qui consiste à payer une dépense sur un crédit affecté à une autre dépense, s'appelle un virement de fonds : elle est strictement interdite. A plus forte raison ne peut-on affecter les crédits ouverts pour les dépenses d'un exercice, à l'acquittement des dépenses d'un exercice précédent ou de l'exercice suivant. (1)

147 — IV° — Régulièrement, le budget ordinaire et le budget extraordinaire ne peuvent être équilibrés l'un par l'autre ; mais chacun doit être dressé séparément et équilibré par les seules ressources qui lui sont propres. — La raison en est facile à comprendre. Les capitaux qui seuls doivent entrer au chapitre des recettes extraordinaires, ne sont pas, de leur nature, destinés à couvrir les frais du culte, et autres, du budget ordinaire. Vice-versâ, les revenus, qui forment la base du budget ordinaire, ne peuvent être inscrits parmi les capitaux à l'emploi desquels est consacré le budget extraordinaire.

Cependant, comme nous l'avons déjà remarqué, il peut arriver que les dépenses ordinaires d'un exercice ne puissent pas être couvertes par les recettes de revenus, soit qu'une circonstance fortuite ait causé une notable augmentation de la dépense, soit que les déficits accumulés des exercices précédents viennent s'ajouter encore aux charges annuelles déjà trop lourdes. En ce cas, la fabrique peut équilibrer son budget ordinaire par un prélèvement sur les ressources extraordinaires.

Pareillement, il peut arriver que les Bonis accumulés soient assez importants pour être capitalisés et employés à l'achat de rentes sur l'État.

Mais, dans ces deux cas, la bonne organisation de

(1). Ins. minis. 18 Déc. 1893. art. 4.

la comptabilité semble demander que l'on établisse séparément chaque budget, l'ordinaire et l'extraordinaire, en équilibre.

§.2. Établissement du Budget primitif.

148._____ Le Budget primitif, ou simplement le Budget, pour chaque année, est établi dans la session de Quasimodo de l'année précédente.

Outre les renseignements préliminaires sur la Composition du Conseil et du Bureau, et les conclusions par lesquelles l'Évêque arrête définitivement les recettes et dépenses fabriciennes, le Budget modèle comprend, en deux titres distincts, le Budget ordinaire et le Budget extraordinaire, lesquels sont ensuite réunis en une récapitulation générale.

Chacun de ces budgets comprend deux chapitres: celui des Recettes et celui des Dépenses.

Chaque chapitre comprend autant d'articles, qu'il y a, en Fabrique, de sources de recettes ou de dépenses. (1).

Avant d'entrer dans l'explication détaillée de chaque article, et de l'organisation générale du budget, il est nécessaire de mettre, au préalable, sous les yeux du lecteur, le modèle officiel qui a été dressé par l'Instruct. minis. du 15 Déc. 1893, et qui seul désormais doit être mis en usage.

---

(1)... Il y a, en outre, comme on pourra le remarquer, un certain nombre d'articles de recettes ou de dépenses, qui ne sont désignés que par leurs numéros d'ordre, sans aucune rubrique explicative. Ils sont destinés à recevoir la mention des opérations fabriciennes, qui ne se produisant pas communément, ne rentrent dans aucun des articles spécifiés.

Budget de la Fabrique.

Diocèse d.

Département d..

Commune d

de l'Église. { curiale ou succursale } d.

ou de la Chapelle paroissiale. }

dont relève la Chapelle de secours d.

Population catholique (approximative) de la paroisse.

pour l'exercice 19

Composition du Conseil de Fabrique & du Bureau des Marguilliers :

Noms et Prénoms	Date de la nomination régulière ou de la dernière réélection.	Fonctions dans le Conseil	Fonctions dans le Bureau.
M. , Curé	Membre de droit du Conseil et du Bureau.	Président M.	Président. M.
M. , Maire	Membre de droit du Conseil.		
1 M.		Secrétaire : M.	Secrétaire. M.
2 M.			
3 M.			Trésorier M.
4 M.			
5 M.			
6 M.			
7. M.			

M (Nom, s'il y a lieu) { Receveur spécial.
{ Percepteur

Budget Ordinaire.
Recettes.

Articles	Nature des Recettes.	Recettes				Renseignements prescrits par les art 83 & 84 du décret du 30 déc. 1809 et autres observations
		d'après le dernier compte de l'Ordonnateur	proposées par le Bureau	votées par le Conseil	approuvées par l'Évêque.	
1	2	3	4	5	6	7
1.	Produit des biens restitués en vertu de l'arrêté du Gouv.t du 7 thermidor, an XI ..					
2.	Produit des rentes restituées en vertu du même arrêté					
3	Produit des biens célés au domaine dont la fabrique a été mise en possession					à été dés au torisations
4.	Produit des rentes célées au domaine, dont la fabrique a été mise en possession ..					Idem
5.	Produit des biens dont l'acceptation a été régulièrement autorisée depuis le 7 thermidor an XI (décret ou arrêté préfectoral)					
6.	Produit des rentes avec ou sans fondations régulièrement acquises depuis le 7 th an XI (décret ou arrêté préfectoral) ..					Idem.
7	Produit total de la location des bancs et chaises ..					
8.	Produit de la concession des bancs places dans l'Église.					
9.	Produit des quêtes faites pour les frais du culte ..					
10.	Produit de ce qui a été trouvé dans les troncs placés pour le même objet ...					
11.	Produit des oblations volontaires faites à la fabrique					
12	Part revenant à la fabrique dans les droits perçus sur les services religieux, suivant les tarifs approuvés par décret ..					
13.	Produit des frais d'inhumation, Monopole des pompes funèbres					
14	Produit de la cire revenant à la fabrique					
15.	Intérêts des fonds placés au trésor					
16.	Autres recettes (En faire l'énumération)					
	Totaux .					

Dépenses.

Articles	Nature des Dépenses.	D'après le dernier compte de l'ordonnateur	Dépenses			Renseignements & Observations
			proposées par le Bureau	votées par le Conseil	approuvées par l'Évêque	
1	2	3	4	5	6	7
1	Objets de consommation pour les frais ordinaires du culte, d'après l'état du de dépenses intérieures, dressé par le bureau des marguilliers (art 15. décret du 30 déc. 1809) Pain. Vin. Luminaire. Encens. Combustable. Divers.					
2	Frais d'entretien du mobilier d'après l'état des de dépenses intérieures ec Ornements et vases sacrés. Meubles Linge Vêtements des employés d'Église. Divers.					
3	Honoraires des prédicateurs					
4	Gages des ouvriers et serviteurs de l'Église Secrétaire. Chantres. Organiste Sonneur. Suisse Bedeau Enfants de chœur Divers					
5	Entretien de l'Église " du presbytère					
6	Traitement des vicaires régulièrement institués (indiquer le nombre)					
7	Logement du Curé ou Desservant (Loyer du Presbytère ou indemnité de logement si la fabrique ou la commune n'ont pas d'un meubles à cet usage)					
8	Charges des fondations					Date du décret d'autorisation
9	Charges des biens { spéciales, résultant des actes qui ont act enregistrés dans le patrimoine de la fabrique. } Générales (contribution, assurances.)					
10	Frais d'administration					
11	Traitement du comptable, s'il y a lieu (art 14 du règlement d'administration publ. du 21 Mars 1898)					
12	Dixième (ou moins) du produit net de la location des Bancs & chaises, pour la caisse de secours des prêtres âgés ou infirmes.					Idem (Indiq. la fraction du produit.)

Articles 1	Nature des Dépenses. 2	Dépenses				Renseignem⁴ & Observations 7
		d'après le dernier compte 3	proposées par le Bureau 4	votées par le Conseil 5	approuvées par l'évêque 6	
13	Annuités d'emprunts régulièrement autorisées					Date
14	Dépenses imprévues.					
15						
16	Totaux					
	Récapitulation					
	Recettes ordinaires.					
	Dépenses ordinaires					
	Excédent.					

Budget Extraordinaire.
Recettes

Articles 1	Nature des Recettes. 2	Recettes				Renseignem⁴ prescrits par les art. 8 à 84 du décret du 30 déc. 1809, autres Assey. 7
		d'après le dernier compte 3	proposées par le Bureau 4	votées par le Conseil 5	approuvées par l'évêque 6	
1	Sommes provenants de legs.					date de la décision autorisant l'acceptation Iden
2	Sommes provenant de dons.					
3	Remboursements de capitaux					dates des décisions autorisant les remboursements
4	Produit des ventes de rentes.					
5	" " d'immeubles.					dates des décrets d'autorisation
6	Subvention de la Commune.					Iden
7	Autres ressources exceptionnelles (En faire l'énumération)					
	Totaux					

Dépenses.

Articles	Nature des Dépenses.	Dépenses				Renseignem.ts & Observations
1	2.	d'après le 3 dernier Compte	proposées par 4 le Conseil	réglées par 5 le Conseil	approuvées 6 par l'Évêque	7
1.	Grosses réparations ou constructions. de l'église. du presbytère					Date de l'autorisation
2.	Achat de vases sacrés et de meubles pour l'exercice du culte					
3.	Dépenses relatives à la décoration ou à l'embellissement de l'église					
4.	Achat de drap des morts ou tentures Matériel des pompes funèbres.					
5.	Placement de capitaux en rentes sur l'État					Idem
6.	Autres dépenses exceptionnelles.					
	Totaux.					

Récapitulation

Recettes extraordinaires.				
Dépenses id.				
Excédent				

Récapitulation Gén.le

Recettes				
ordinaires.				
extraordinaires.				
Total Général des Recettes				
Dépenses.				
ordinaires				
extraordinaires.				
Total Général des Dépenses				

Balance

Total général des Recettes.				
Total général des Dépenses.				
Excédent				

149. —— On sait d'après ce qui a été expliqué dans les chapitres II et III, quels sont les droits et devoirs généraux de la fabrique au sujet des ressources qui lui appartiennent, et les charges qui lui incombent. Notons seulement ici quelques éclaircissements nécessaires pour le bon établissement du budget.

Tout d'abord il faut prémettre qu'il importe d'inscrire comme chiffres de recettes les revenus bruts et non pas les revenus nets (1). La différence entre le revenu brut et le revenu net consiste soit en charges spéciales, soit en frais d'exploitation ou d'administration, et doit être portée en dépense, aux articles spéciaux. Si l'on se contentait de porter le revenu net, cette différence, —— qui peut, en certains cas, constituer une part appréciable des deniers fabriciens —— resterait en dehors de toute comptabilité.

150 —— Cette remarque préliminaire prémise, il ne sera pas inutile d'expliquer plusieurs rubriques de la colonne n° 2.

Les articles 1.2.3.4, 5, 6, 9 et 10 des Recettes ordinaires sont clairs par eux-mêmes, et par ce qui en a été dit précédemment - (Ch II)

L'article 7, Produit total de la location des bancs et chaises, doit comprendre le produit des bancs et chaises attribués, dans chaque cérémonie, au premier occupant. (Ch II . Art III § 2, p 57.)

---

(1) —— Inst. minist. 15 Déc. 1893 . Art. 6.

L'art. 8, Produit de la concession des bancs, se rapporte aux bancs loués périodiquement par bail écrit ou verbal. Le capital versé par un donateur pour une concession de bancs rentre dans le budget extraordinaire.

(Ch. II Art. III § 1 à 54)

Sous la rubrique n° 11, Produit des Oblations, il convient de n'inscrire que le montant des aumônes proprement dites. Les dons manuels, entendus au sens strict du mot, sont plutôt des dons de capitaux, et trouvent leur place dans le budget extraordinaire.

A l'article 12 se rapportent exclusivement les droits casuels que les Fabriques peuvent percevoir en vertu du Tarif diocésain des Oblations.

Les droits pour les fournitures tant du service intérieur que du service extérieur, et perçus en vertu de tarifs spéciaux pour chaque paroisse ou commune, s'inscrivent au N° 13, Produit des frais d'inhumation.

Le dernier article n° 16, Autres recettes, est destiné à recevoir l'indication détaillée de toutes les recettes qui ne rentrent dans aucune des catégories précédentes, notamment les subventions annuelles accordées bénévolement par la commune pour parer à l'insuffisance des ressources fabriciennes, et, si on le veut, les prélèvements opérés sur les ressources extraordinaires pour obtenir l'équilibre du budget ordinaire. [1]

_____

[1] Circ. min. 30 Mars 1893

151. —————— Au chapitre des dépenses, la plupart des articles sont, d'eux-mêmes, faciles à comprendre. Signalons seulement :

L'art. 2. —————— On doit faire figurer à cet article, non seulement l'entretien, mais aussi l'achat des ornements, vases sacrés, meubles et linge, toutes les fois que cette dépense est faite sur les revenus, et non sur les capitaux de la fabrique.

L'art. 5 : —————— Il s'agit, dans cet article, non seulement des réparations d'entretien des édifices, mais même des grosses réparations, pourvu qu'elles soient faites au moyen des revenus fabriciens.

L'art 13 : —————— Cet Article suppose que la fabrique peut contracter des emprunts dans de certaines conditions, qui seront expliquées plus tard. (Ch V) L'une de ces conditions est que l'acquittement de la dette soit assuré par le versement d'annuités régulières, prises sur les revenus annuels de la fabrique.

152. —————— Les articles des recettes ordinaires sont :

1: Les sommes provenant de dons, c'est-à-dire de dons manuels (selon ce qui a été expliqué ch. II. art IV §1) et aussi de donations entre vifs.

2, 3, 4, 5. Les sommes provenant de legs, remboursements de capitaux, ventes de recettes ou d'immeubles.

6: Les subventions de la commune, quand elles sont destinées aux grosses réparations, ou qu'elles ont pour objet de subvenir à une dépense déterminée d'un caractère tout à fait exceptionnel, comme l'achat d'un meuble de sacristie ou des bancs d'église.

7° Les autres ressources exceptionnelles, parmi lesquelles on doit ranger les subventions de l'État ou du Département, les emprunts, les coupes extraordinaires de bois, le capital provenant de la concession perpétuelle d'un banc à un donateur, etc etc

153. —— Les articles des dépenses extraordinaires comprenant toutes les dépenses auxquelles il n'est pas pourvu par les revenus de la fabrique, et qui se font par l'emploi de capitaux

L'achat de rentes sur l'État, et l'emploi des emprunts contractés par la fabrique, sont essentiellement des emplois de capitaux et ne peuvent s'inscrire qu'au budget extraordinaire. Mais les dépenses, telles que les réparations, et autres indiquées dans les art. 1, 2, 3, 4, peuvent être parfois imputées sur les revenus ; et, dans ce cas, elles rentrent nécessairement dans le Budget ordinaire.

154. —— Le sens précis que l'on doit donner à chaque article étant fixé et compris, il reste à voir comment se font la préparation, le vote et l'approbation du Budget.

La préparation du Budget est l'œuvre spéciale du bureau.

Deux pièces principales sont les éléments qui lui servent à évaluer les recettes et dépenses présumables du futur exercice :

1° Le dernier compte de l'Ordonnateur. Dans ce compte la colonne n° 4 indique le montant des produits d'après les titres de perception et actes justificatifs, et des droits constatés au 31 Décembre de l'année précédente ; c'est à dire en un mot la somme totale des recettes et dépenses se rapportant à l'exercice écoulé. Sur ces sommes, il peut y avoir encore des restes à recouvrer ou à payer ; mais leur montant porté dans la colonne n°4 du compte annuel de l'ordonnateur, représente vraiment les ressources constatées au profit de la Fabrique, ainsi que les dépenses et dettes faites pour son compte pendant le dernier exercice. Les chiffres de ladite colonne n°4 sont reportés intégralement dans la colonne n°3 du Budget qu'il s'agit de préparer.

2° L'état de dépenses intérieures, dressé par le curé, et présentant les évaluations de celui-ci, pour les dépenses nécessaires aux fournitures des objets de consommation et aux frais d'entretien du mobilier.

Au vu de ces deux pièces, le Bureau discute, un à un, les articles du Budget, fixe ses prévisions de recettes et dépenses, et en porte les chiffres, tels qu'il les a déterminés, à la colonne n°4. Il devra bien remarquer que le détail des dépenses prévues pour le pain, vin et autres objets de consommation ou frais d'entretien, s'insont dans la colonne n°2 et le total seul de chaque article est porté en bloc aux autres colonnes.

En même temps qu'il inscrit dans la colonne n°4 les chiffres des recettes présumées, il mentionne dans la colonne n°7, en regard de chaque article, les fermiers ou locataires, la qualité de la rente foncière ou constituée, les noms et situation de la maison ou héritages, la date du dernier titre nouvol ou du dernier bail et enfin les dates des décrets qui ont autorisé la fabrique soit à acquérir des immeubles ou des rentes, soit à mettre en exécution les tarifs d'oblations ou de fournitures de pompes funèbres. (1)

155 ───── Ainsi préparé, le Budget est présenté au Conseil, en sa session de Quasimodo, pour être délibéré et voté.

De même que le Bureau, le Conseil, à son tour, examine un à un, chaque article de recettes ou de dépenses, discute les chiffres proposés par les Marguilliers, les accepte ou les modifie par le vote de la majorité des membres présents, et inscrit à la colonne n°5 les chiffres qu'il a délibérés et arrêtés.

Lorsque le conseil apporte quelque modification aux propositions du Bureau, il doit en indiquer les motifs dans la colonne (n°7) des observations. Cette même colonne est aussi destinée à recevoir, le cas échéant, les protestations de la minorité.

Le Budget ainsi arrêté par le Conseil, est dressé en triple minute, et signé par tous les membres présents à l'assemblée. (2)

156 ───── Un de ces trois exemplaires est transmis au Conseil municipal, qui, après l'avoir examiné, à sa session de mai, fait parvenir à la Préfecture son avis et telles observations qu'il juge convenables touchant les articles portés en recettes ou en dépenses. Cet avis de la Municipalité est transmis par le Préfet à l'Évêque; mais il n'impose aucune obligation à celui-ci

(1) ── D. 30 Dec 1809 art 33 et 84 ; Modèle officiel du Budget d'après l'Inst. du 15 D 1893
(2) ── D. 30 Dec 1809 Art 47 ; Inst. ministérielle 15 Dec 1893.

non plus qu'à la Fabrique. L'autorité diocésaine est souveraine en la matière. Elle règle les crédits selon qu'elle le juge utile.

Le Conseil municipal n'est jamais tenu de donner son avis sur le Budget fabricien. Si, régulièrement informé par l'envoi qui lui en a été fait, il refuse ou néglige de se prononcer, l'Evêque passe outre et donne son approbation qui est toujours irrévocable.[1]

157 ———— Les deux autres exemplaires du Budget sont envoyés à l'Evêque, en même temps que les pièces justificatives, en double expédition, des dépenses proposées, notamment l'Etat de dépenses intérieures, les plans et devis des travaux à exécuter, etc, « pour avoir sur le tout son approbation ». [2]

L'autorité de l'Evêque est souveraine en matière de Budget. Il approuve, diminue ou augmente les crédits et recettes, selon qu'il juge convenable

Il a notamment le droit de rejeter ou de réduire les chiffres des recettes, si d'après la comparaison des Budgets et comptes antérieurs, il les juge exagérées ou irrégulières. A plus forte raison peut-il diminuer l'évaluation des dépenses, s'il apparaît qu'elle a été grossie dans le but de dissimuler plus facilement des virements de fonds.

Enfin il peut inscrire d'office, au Budget, des dépenses obligatoires pour la fabrique, telles que le paiement des serviteurs ou des créanciers de cet établissement, si le Conseil avait négligé ou refusé de voter les Crédits nécessaires.

Les chiffres arrêtés par lui sont inscrits, article par article, dans la colonne n° 6, qui lui est réservée. Cette inscription détaillée doit être faite intégralement par les soins de l'autorité diocésaine, afin d'empêcher

---

(1) — Inst. min. 15 Mai 1884. Art. 69.
(2) — D. 30 Déc 1809. Art. 47

les virements de crédits que la Fabrique pourrait opérer, si le total seul des recettes et des dépenses avait été réglé. (1)

L'approbation épiscopale est donnée sous forme d'arrêté inscrit au pied de chacun des deux exemplaires du Budget transmis par la Fabrique.

158 _____ De ces deux exemplaires, l'un est destiné à rester aux Archives de l'Evêché; l'autre après avoir été approuvé par l'autorité épiscopale, est renvoyé au Conseil de Fabrique, pour être exécuté par le Bureau des Marguilliers.

La minute du Budget dûment approuvée et renvoyée au Conseil, doit rester à la Fabrique. Lorsqu'il y a lieu d'en donner Communication, par exemple au Comptable ou à la municipalité, ce doit être en simple Copie, certifiée conforme et signée par le Secrétaire du Conseil ou du Bureau.

Une de ces copies doit être remise à la fin de chaque année, pour l'exercice qui va s'ouvrir, au Comptable chargé de l'exécuter, les dépenses et les recettes des Fabriques ne pouvant être faites qu'en vertu du Budget. Toutefois s'il arrivait que le budget d'un exercice ne fût pas approuvé ou remis au Comptable avant l'ouverture de l'exercice, les recettes et les dépenses ordinaires continueraient à être faites conformément au budget de l'année précédente. (2)

§ 3 — Etablissement du Budget supplémentaire.

159 — Le budget supplémentaire qu'on désigne aussi sous le nom de Chapitres additionnels au Budget, a pour but la fixation des recettes et dépenses

_____

(1) — Instr. min. 11 Sept. 1835

(2) — Inst. min 13 Déc 1893. Art. 8, 10 et 11

qui n'ont pas pu être prévues à l'époque où le Conseil dressait le Budget primitif. Il doit être voté à la session de Quasimodo.

Si après cette session, il se présente des recettes ou des dépenses qui n'avent été prévues dans aucun budget, on ne peut les effectuer sans autorisations spéciales. Les autorisations spéciales sont accordées par le bureau des marguilliers pour les sommes inférieures à 50 fr. ou à 100 fr. selon l'importance de la paroisse ; par le Conseil pour les sommes de 50 à 100 fr., ou de 100 à 200 fr., et par l'Évêque pour les sommes supérieures à ces chiffres. Elles considerent comme autant de budgets supplémentaires. Il doit en être fait mention, comme des budgets proprement dits, dans toutes les pièces de comptabilité qui constatent les opérations de recettes ou de dépenses faites en vertu de ces autorisations, en particulier dans les mandats, les bordereaux et les comptes.

Comme les autorisations spéciales sont de véritables budgets supplémentaires, ou chapitres additionnels au budget, elles en reçoivent quelquefois le nom. Le plus souvent on les désigne cependant sous la dénomination propre d'Autorisations spéciales, afin de les distinguer pleinement des budgets votés régulièrement à la session de Quasimodo.

Le Budget supplémentaire est calqué sur le Budget primitif. Comme ce dernier, il comprend des recettes et des dépenses, dont les unes sont ordinaires, et les autres extraordinaires. Chacun de ces chapitres peut se subdiviser en autant d'articles qu'il y en a dans le Budget primitif ; mais en fait, on n'y mentionne que ceux auxquels se rapportent les recettes ou dépenses nouvelles. — Voici, du reste, le modèle officiel du Budget supplémentaire, tel qu'il est établi dans les documents annexés à l'instruction ministérielle du 15 Déc. 1893

Budget supplémentaire

ou

Chapitres additionnels au Budget de 19

Diocèse
d

Département
d

Fabrique
d

Titre I. _ Recettes.

Nos d'Ordre	Nature des Recettes	Recettes			Observations.
		proposées par le Bureau des Marguilliers	votées par le Conseil de Fabrique	approuvées par l'Évêque	
1	2			5	6
	§1er Excédent des recettes de l'exercice 19				
	Budget ordinaire				
	§2. Restes à recouvrer de l'exercice 19 (En faire l'énumération)				
	§3 Recettes non prévues au Budget primitif (En faire l'énumération)				
	Budget extraordinaire				
	§4 Restes à recouvrer de l'exercice 19 (En faire l'énumération)				
	§5 Recettes non prévues au Budget primitif. (En faire l'énumération)				
	Total des Recettes du pôle cte				

Titre II - Dépenses.

N° d'ordre 1	Nature des Dépenses 2	Dépenses			Observations 6
		proposées par le Bureau 3	votées par le Conseil 4	approuvées par l'Évêque 5	
	Budget Ordinaire				
§1.	Restes à payer à la cloture de l'exercice 19 (En faire l'énumération)				
§2	Dépenses non prévues au budget primitif. (En faire l'énumération)				
	Budget Extraordinaire.				
§3	Restes à payer à la cloture de l'exercice 19 , savoir (Énumer.				
§4	Dépenses non prévues au budget primitif (Énumération)				
	Total ..				

Récapitulation.

Nature des Recettes et des Dépenses. 1	Suivant les propositions		Suivant la décision de l'Évêque	Observations 5.
	du Bureau	du Conseil		
Recettes supplémentaires.				
Dépenses - id				
Excédent { de Recettes / de Dépenses				

Présenté par Nous, Membres du Bureau
Le . . . . 19 ..

Approuvé par Nous, Membres du
Conseil, le . . . . 19 .

L'Évêque de . . . . arrête le présent budget supplémentaire, savoir

En recettes, ci .
En dépenses, ci

Excédent de . . . .

A. . . , le . . 19 . .

160 _____ Les Recettes supplémentaires sont classées dans le modèle officiel qui précède, en cinq catégories:

1° — L'excédent des recettes du dernier exercice. — Il est loisible au Conseil de l'employer immédiatement pour les besoins du Culte, ou de le faire verser en compte courant au Trésor; mais il est de toute nécessité de mentionner cet excédent au Budget supplémentaire, afin de le faire figurer dans la Comptabilité Courante.

2° — Les Recettes à recouvrer de l'exercice précédent sur le Budget ordinaire. — Comme nous le verrons ci-après, l'exercice précédent a dû être clos définitivement au mois de mars. En conséquence, la période d'exécution des services du budget de l'année écoulée est terminée. Il faut donc reporter à l'exercice en cours la perception des recettes qui n'a pu être effectuée en temps utile. Cela se fait par l'inscription au Budget supplémentaire de tous les restes à recouvrer.

3° — Les Recettes ordinaires non prévues au Budget primitif. — On doit les faire figurer dans le Budget additionnel, afin d'en autoriser la perception par le Comptable.

4° — Les restes à recouvrer de l'exercice précédent sur le Budget extraordinaire. — Ils doivent aussi être reportés à l'exercice Courant dès que les services de l'exercice précédent sont arrêtés.

5° — Les Recettes extraordinaires non prévues au Budget primitif. — Telles seraient les donations et legs faits à la Fabrique après l'établissement du Budget primitif.

161 _____ Pour les Dépenses supplémentaires, on remarquera que le modèle officiel ne mentionne pas d'Excédent de dépenses EFFECTUÉES dans l'exercice précédent. C'est qu'en effet si les dépenses ont été supérieures aux recettes, la différence n'a pu être soldée; elle constitue un reste à payer

La titre des dépenses supplémentaires ne peut donc comprendre que quatre sections:

1° — Les dépenses restant à payer, sur le Budget ordinaire, à la clôture de l'exercice précédent. Les services de cet exercice étant clos, les créanciers ne peuvent obtenir un mandat de paiement de l'ordonnateur que s'il y a un crédit ouvert à cet effet dans le budget en cours d'exécution. Il faut donc nécessairement reporter aux chapitres additionnels de l'exercice courant, les restes à payer de l'exercice précédent.

2° — Les dépenses ordinaires non prévues au Budget primitif. — On ne pourrait effectuer des dépenses qui n'auraient pas été inscrites à un budget ni votées régulièrement.

3° — Les restes à payer, à la clôture de l'exercice précédent, sur le Budget extraordinaire. — Ils doivent être reportés à l'exercice courant, par le moyen du budget supplémentaire.

4° — Les dépenses extraordinaires non prévues au Budget primitif. — De ce nombre est en particulier l'emploi des capitaux donnés à la Fabrique postérieurement à l'établissement du budget primitif.

162. ——————— Le Budget supplémentaire, à l'inverse du budget primitif, peut se régler par un excédent de dépenses; et l'on remarquera que le modèle officiel laisse supposer la chose.

Pour comprendre comment le cas peut se produire, faisons une hypothèse la plus simple possible.

A la clôture de l'exercice précédent l'on a constaté que toutes les recettes possibles ont été effectuées, mais que le rendement a été inférieur aux évaluations budgétaires. D'autre part toutes les dépenses prévues ont été engagées; mais quelques factures n'ont pas été soldées, à cause de la diminution non prévue des recettes.

Il faudra donc, en ce cas, inscrire au Budget supplémentaire un article unique : Restes à payer sur l'exercice précédent.

Ce Budget ne peut donc se régler autrement que par un Excédent de dépenses.

Mais ici une question importante se pose : Comment et sur quels fonds devra être soldé cet Excédent de dépenses ?

Si le budget primitif qui est en cours d'exécution comporte un Excédent de recettes suffisant pour couvrir cet Excédent de dépenses, pas de difficulté, il doit être consacré à cet usage.

Dans le cas contraire, les dépenses additionnelles ayant été reportées de plein droit au budget de l'exercice courant, devront être payées sur les recettes de cet exercice, comme si elles avaient été inscrites au budget primitif. Mais il est clair que ce report aura pour effet de mettre en déficit les comptes de l'exercice courant, et que l'on retrouvera l'année suivante la même difficulté que l'on évite présentement. Que faire ? Le Conseil doit dès ce moment prévoir ce déficit, et en tenir compte dans l'établissement du budget de l'année suivante, et l'y porter en première ligne parmi les dépenses qu'il prévoit. Il fixera les autres dépenses en conséquence. c-à-d. de manière à équilibrer le budget.

163. ——————————————— Le Budget supplémentaire est soumis aux mêmes formalités que le Budget primitif.

Préparé par le Bureau, (colonne 3) et voté par le Conseil. (colonne 4), il est rédigé en trois expéditions dont l'une est transmise au Conseil municipal, et les deux autres à l'Évêque qui en fixe définitivement les chiffres (colonne 5), et l'approuve par son arrêté rédigé aux pied des deux expéditions.

La Fabrique garde pour elle l'exemplaire qui lui est renvoyée et en délivre des copies au Comptable et, le cas échéant, aux autorités qui en ont besoin.

Article II. De l'exécution du Budget.

164 _____ La comptabilité en général
est l'art de tenir note des recettes et des dépenses effectuées
ou à effectuer, de manière à en rendre facilement compte
à soi-même et aux autres.

L'exécution des divers budgets constitue l'objet principal de la comptabilité de la fabrique, c'est assez dire combien la
matière du présent article est importante. Elle est en effet
le centre de tout le droit administratif touchant les fabriques,
et spécialement des derniers décrets du Conseil d'État, qui ont
été portés, personne ne l'ignore, en vue de soumettre ces établissements aux règles communes de la comptabilité publique.

En principe, la comptabilité des fabriques est établie
par gestion et par exercice [1]; en d'autres termes, il est
tenu note des opérations fabriciennes, de manière que
les comptes puissent être rendus pour chaque gestion
et pour chaque exercice

L'exercice est la période d'exécution des
services du Budget; il prend le nom de l'année à la-

_____

[1] – Inst. minist. 15 Déc., 1893. Art. 1

quelle il se rapporte [1]

En principe, la période d'exécution des services du budget ou l'exercice commence au 1er janvier et finit au 31 décembre. C'est pourquoi de fait, on ne considère comme appartenant à un exercice que les droits acquis et les dépenses engagées pendant cette période. Mais pour faciliter le règlement des comptes, on a établi une période complémentaire, qui s'étend jusqu'au 1er mars pour l'ordonnancement, et jusqu'au 15 Mars pour le recouvrement des produits et le payement des dépenses [2].

La Gestion embrasse l'ensemble des actes du comptable, soit pendant un exercice donné, soit pendant la durée de ses fonctions [3] ; car il doit rendre compte des opérations effectuées par ses soins, tant à la fin de chaque année, qu'au moment où il résigne définitivement ses fonctions.

Il y a donc une grande différence entre l'Exercice et la Gestion celle-ci ne comprend que les Opérations de Caisse réellement effectuées par le comptable, celui-là comprend tous les actes administratifs qui ont pour effet de créer un droit à une Recette, ou une obligation à un payement.

165. ——————. Les personnes appelées à prendre part à l'exécution du budget, et par conséquent à tenir en règle la comptabilité fabricienne, sont au nombre de trois : 1° L'Ordonnateur, qui est toujours le Président du Bureau ; 2° le Comptable, qui peut être le trésorier-marguillier, un receveur spécial, ou le

---

[1] — Inst. minist. art. 3
[2] — Ibid
[3] — Ibid. 15 Xbre 1895 art. 3

percepteur ; et 3: le Régisseur des Recettes & Dépenses, qui peut être le Curé, un vicaire ou tout autre serviteur de l'Église

Nous exposerons successivement dans trois paragraphes les devoirs de ces trois personnes.

§ 1. Devoirs de l'Ordonnateur.

---

156. ——————— Le Président du Bureau est seul ordonnateur des recettes et dépenses fabriciennes, c à d que seul il détermine le montant des droits acquis réellement à la fabrique, et seul il ordonne le payement des dettes [1]. En d'autres termes, il est le principal administrateur de la fabrique

En conséquence.

1: Aucune recette ne peut être effectuée par le comptable, s'il n'a reçu de l'ordonnateur les titres en vertu desquels la perception des revenus doit être faite.

2: Aucun payement ne peut être fait, s'il n'a été préalablement ordonnancé par le Président du Bureau, au moyen d'un Mandat qui autorise le comptable à en verser le montant à la partie prenante.

---

[1] Inst. min. 15 Xᵇʳ 1893. art 21.

167. _____ En ce qui concerne les Re-cettes, les devoirs de l'ordonnateur sont peu compliqués.

Il doit remettre au comptable, avec les budgets et auto-risations spéciales tous les titres de perception, tels que les copies de baux, contrats, jugements, les procès-verbaux des levées de tronc, les états des oblations volontaires ou tarifiées, les états des quantités de cire revenant à la fabrique etc. [1].

Si les fonctions de comptable sont remplies par le trésorier-marguillier, l'ordonnateur n'a pas d'autre devoir à remplir au sujet des recettes fabriciennes.

Mais dans les cas où elles sont confiées à un rece-veur spécial, à mesure qu'il remet à celui-ci tous les titres de perception, dont nous venons de parler, et il prend note sur un carnet spécial, appelé Carnet d'En-registrement des Titres de Perception. Il porte dans ce carnet, divisé en quatre colonnes, la date des titres de perception, l'article du Budget, et le montant des titres de perception [2].

Le carnet ainsi établi servira plus tard à dresser le compte administratif, et à contrôler la gestion du rece-veur ou percepteur, en matière de Recettes.

168. _____ Les devoirs de l'ordonnateur en ce qui concerne les Dépenses, consistent à liquider les dettes de la fabrique, et à en ordonnancer le payement.

La liquidation est l'opération qui consiste à arrê-ter un compte, c. à d., à vérifier les droits d'un créancier, et à déterminer définitivement le montant de sa créance

---

[1] Ibid. Art. 12

[2] Ibid. art. 13

en déduisant le total de ses **Débits** du total de ses **Crédits** ; la différence constitue la **solde à payer**.

Cette opération est un des devoirs les plus importants du Président du Bureau. Il ne pourrait en effet délivrer un mandat de payement à un créancier de la fabrique, s'il ne s'était assuré au préalable que la fabrique est vraiment débitrice de la somme réclamée.

À mesure que les créances sont liquidées, et les droits des créanciers dûment constatés, l'ordonnateur enregistre ces constatations dans un registre spécial appelé **Livre d'Enregistrement des Droits des Créanciers**, et dont voici le modèle officiel

Article .... du Budget { ordinaire
extraordinaire

Nos d'Ordre des droits constatés	Date de la constatation par l'ordonnat des droits des Créanciers	Noms des Créanciers	Désignation sommaire de l'Objet des Créances	Montant des Liquidations	Nos des Mandats de payement émis.

L'inscription des droits des créanciers dans ce livre se fait par ordre de matières, chaque article du budget ayant sa page propre qui lui est attribuée. Les fabriques plus importantes réservent pour chaque article autant de feuillets qu'il est nécessaire pour noter les nombreuses dettes qui s'y rapportent. Pour la raison contraire, dans les petites fabriques, où il y a peu d'affaires, un seul feuillet peut servir à l'enregistrement de tous les articles

On peut même se passer entièrement de ce livre, lorsque l'Ordonnancement se fait au moment où s'accomplit la liquidation de la dette. Dans ce cas, en effet, il devient inutile de tenir un registre dont la principale raison d'être est de faire connaître en temps opportun au Président, les époques, les montants et les bénéficiaires des mandats qu'il sera appelé à délivrer.

169. _____. L'Ordonnancement est l'acte par lequel le Président du Bureau ordonne au comptable de payer au créancier de la Fabrique telle somme qui lui est due. Cet ordre de paiement est constaté dans un titre qui est remis au Créancier pour être présenté au comptable et qui porte le nom de Mandat.

Le premier devoir du Président est de ne délivrer de mandats que pour le payement de dettes régulièrement constatées.

Le second est de n'ordonnancer aucune dépense que sur le crédit régulièrement ouvert pour la couvrir Chaque crédit, en effet, doit servir exclusivement à la dépense pour laquelle il a été ouvert La destination n'en peut être changée sans une décision de l'autorité qui a compétence pour régler le Budget [1]

_____

(1) - Bro art 32

Il suit de là que tout Mandat doit énoncer

1° L'exercice, le crédit, ainsi que l'article du Budget auquel s'applique la dépense

2° Le nom du créancier au profit duquel il est émis.

3° L'objet précis de la dépense. Il est interdit à l'ordonnateur de remettre au comptable des mandats en blanc pour les dépenses de la fabrique. Une seule exception est faite pour le mandat d'avance permanente, délivré au régisseur des dépenses pour subvenir aux menus frais de la célébration du culte.[1]

4° La somme à payer en toutes lettres.

5° L'indication des pièces justificatives qui devront être fournies au Comptable par la partie prenante

6° La date d'émission du mandat.

7° Enfin, la signature de l'ordonnateur

170. _____ À mesure qu'il délivre des mandats, l'ordonnateur doit en prendre note soigneusement, afin de pouvoir établir, à la fin de l'exercice, son compte administratif. Il peut le faire de deux manières, selon que ses mandats sont rédigés sur des feuilles volantes, ou extraites d'un registre à souche

Dans le premier cas, il tient un Registre spécial appelé Livre des Mandats délivrés[2]. Il y inscrit dans cinq colonnes différentes, comme dans le modèle ci-dessous, le numéro d'ordre du mandat, la date de son émission, le nom du bénéficiaire, le numéro

---

(1) — Ibid   art. 5 24

(2) — Ibid   art 13.   (Modèle à la page suivante)

d'ordre sous lequel le droit du créancier a été inscrit au Registre des Droits constatés, et enfin le montant de la somme à payer. Comme le but de ce Livre est de préparer le compte administratif qui sera rendu à la fin de l'exercice par l'ordonnateur, il est divisé par matières, selon les articles du budget, de la même façon que le Livre d'Enregistrement des Droits des Créanciers. Chaque article est donc inscrit à sa page propre, toutefois le nombre des feuilles destinées à chaque article peut être augmenté dans les fabriques importantes, et dans les petites, une seule feuille peut servir pour plusieurs articles.

Livre des Mandats délivrés [1]

Article .... du Budget { ordinaire / extraordinaire

No. des Mandats émis	Date des Mandats de paiement émis	Noms des parties prenantes	Rappel du No. sous lequel le droit du créancier a été constaté	Montant des Mandats de paiement émis
1	2	3	4	5

[1] Ibid art. 13.

171. —————————— Quand le Mandat est extrait d'un livre à souche, comme dans le modèle ci-après, les mêmes indications sont portées sur le tableau du mandat, avec la disposition marquée dans ce modèle ou tout autre analogue.

Quelle que soit la disposition adoptée, on devra toujours établir une colonne pour l'inscription en chiffres des sommes mandatées, afin de pouvoir effectuer plus facilement, de page en page, les totaux et reports nécessaires.

172. —————————— Avant de terminer ce paragraphe, il importe de rappeler encore que la durée normale de l'exercice va du 1er Janvier au 31 Décembre; la période complémentaire jusqu'au 1er Mars suivant est accordée à l'ordonnateur seulement pour constater les droits acquis par les créanciers avant le 1er Janvier et pour en mandater le paiement.

Il ne pourrait donc inscrire au Livre d'Enregistrement ni ordonnancer les droits que les créanciers auraient acquis après cette date.

Exercice 190..

N.º du Mandat.

Art.   au Budget
Décision spéciale du
Le   190
délivré à M

un Mandat de la somme
de
à lui due pour ...

A Reporter .

Report	fr	c

Conseil de Fabrique

Exercice 190   Fabrique de l'Église de . . .
Art   du Budget   Nº du Mandat.

Montant du Mandat.   Mandat de Paiement
fr   c

M. le Trésorier paiera à M.

la somme de

pour

Dépense autorisée par l'Art

du Budget de 190 , ou par décision spéciale du . . . 190

Ladite somme sera allouée en dépense au Trésorier, dans son
compte de l'Exercice 190 , au vu du présent Mandat dûment
quittancé et appuyé des pièces justificatives désignées ci-dessous.
Délivré le .   190

Pour acquit de la somme ci-dessus, Le Président du Bureau
le   190

Pièces justificatives de la Dépense.

1º

§ 2. Devoirs du Comptable.

173. —————— Le Comptable de la fabrique exécute les Recettes et Dépenses fixées et ordonnées par le Président du Bureau. En conséquence, il est chargé seul, et sous sa responsabilité, de faire toutes les dili-gences pour assurer la rentrée des sommes dues à cet établissement, ainsi que d'acquitter les dépenses mandatées par le Président du Bureau des Marguilliers, jusqu'à concurrence des crédits régulièrement ouverts. Toutefois, il peut déléguer le soin d'effectuer certaines recettes et dépenses, à un régisseur dont les fonctions seront expli-quées dans le paragraphe suivant.[1]

Toute autre personne qui, sans autorisation lé-gale, se serait ingérée dans le maniement des deniers de la fabrique, est, par ce seul fait, constituée comp-table, et se trouve soumise à l'obligation de rendre compte de ses opérations devant l'autorité chargée de juger le compte de la fabrique[2]. On pourrait en outre ordonner la prise d'hypothèque sur ses biens immeubles, en garantie des deniers qu'elle détient.

174. —————— Quel que soit le Comptable.

---

(1) — D. 27 Mars 1893 art 2 & 3
(2) — Just mm 15 X^e 1893 art 7

il doit recevoir en temps utile, toutes les pièces qui lui sont nécessaires pour exécuter les recettes et dépenses de la Fabrique, savoir : les copies du budget primitif, du budget supplémentaire, des autorisations spéciales, ainsi que de tous les baux, contrats, jugements et titres concernant les revenus dont la perception lui est confiée [1]. Quand le Comptable est le percepteur, ces pièces lui sont transmises par l'intermédiaire de l'évêque, du Préfet, et du Receveur des finances [2].

S'il arrivait que le Budget d'un exercice ne fut pas approuvé ou remis au Comptable, avant l'ouverture de l'exercice, les recettes et les dépenses ordinaires continueraient à être faites conformément au Budget de l'année précédente [3].

175. —————— Lorsque le Comptable de la fabrique est un percepteur, les livres ou écritures qu'il tient en qualité de Comptable de la fabrique sont les mêmes que ceux qu'il tient pour les gestions communales ou hospitalières dont il peut être chargé. Toutefois, les pages du livre des comptes divers, affectées à la comptabilité de la fabrique, ne sont pas revêtues du timbre de dimension [4].

Nous n'avons à exposer ici que les opérations à effectuer par le trésorier-marguillier ou le receveur spécial, ainsi que les livres et écritures nécessaires à cet effet.

---

(1) - Inst min 15 Xbre 1893 , art. 12

(2) - Id. 27 Mars 1893,   art 10.

(3) - Inst min. 15 Xbre 1893, art 11

(4) -   Ibid   art. 11

Elles comprennent trois parties, les Recettes, les Dépenses, et les Services hors budget.

—

176. ——— 1.DES RECETTES ———. Le Comptable de la fabrique recouvre les divers produits aux échéances déterminées par les titres de perception, ou par l'ordonnateur [1].

Il doit donc avoir entre les mains tous les titres de perception, qui déterminent les droits de la fabrique, le montant et la nature des produits, et la date des échéances. C'est au moyen de ces titres qu'il peut contraindre, s'il en est besoin, les débiteurs de la fabrique, à payer ce qu'ils doivent, c'est encore en les produisant à l'appui de ses comptes, en fin d'exercice, qu'il pourra justifier de sa gestion, et prouver qu'il a perçu tout ce qu'il était tenu de percevoir, d'après ces titres de Recettes.

On trouvera plus loin (ch. IV, art 3, 3.2) la nomenclature des titres de perception qui doivent être fournis pour chaque article du Budget des recettes.

177. ——————— Si, nonobstant la valeur et la parfaite régularité des titres de perception, les débiteurs refusent de payer leur dû, le comptable peut employer contre eux les moyens de poursuites ordinaires, savoir :

1º le Commandement par ministère d'huissier.

2. En cas où cette sommation serait restée sans effet, la Saisie Exécution des meubles du débiteur.

Mais il faut avoir soin d'observer exactement les forma-

---

[1] - Inst. min. 15 Xbre 1893, art. 18.

lités prescrites par le Code de procédure. De plus, dès que la saisie-exécution a été signifiée, le Comptable doit informer le Président du Bureau des Marguilliers de la date à laquelle doit avoir lieu la vente. Si le Bureau juge qu'il y a lieu de surseoir, ordre par écrit doit en être donné au Comptable, qui suspend ses poursuites.

3: La Saisie-Arrêt ou Opposition sur le traitement ou les créances du débiteur — Il peut la former par exploit d'huissier, de lui même et sans aucune autorisation préalable ; mais il doit en donner avis immédiatement au Président, afin que le Bureau puisse examiner s'il convient de dénoncer la saisie avec assignation en validité. L'assignation en validité, au cas où le Bureau l'approuve, doit être faite au débiteur dans la huitaine qui suit l'exploit de saisie-arrêt, et dénoncée, dans la huitaine suivante, au tiers saisi. Certains délais sont, en outre, accordés en raison des distances.

178 _____ Lorsque, malgré toute sa diligence, le Comptable se heurte à des obstacles insurmontables, et ne peut effectuer le recouvrement de tous les droits constatés au profit de la fabrique, il a soin de faire établir, pour sa décharge, toutes les pièces de nature à prouver l'impossibilité du recouvrement. Telles sont versées au dossier du compte, pour sa justification.

179. _____ Toute recette effectuée par le Comptable est constatée par l'enregistrement dans ses livres et par une quittance délivrée à la partie versante.

Ces deux opérations se font au moyen d'un livre unique appelé Journal à souche des Recettes et dont toutes les pages sont cotées et paraphées par le Président du Bureau.

Nous donnons ci-contre le modèle officiel de ce journal.

Nᵒˢ des Quittances	Dates des Recettes et Noms des parties versantes	Articles des Budgets	Désignation des produits	Sommes perçues
1ᵉ	Du 190 M.		Report	
2ᵉ	Du 190. M.			
			Total	

Fabriques des Revenus

Nᵒ	Article du Budget	Du 190.		Fabrique de
		Reçu de M.		
		Dont quittance Le Comptable de la Fabrique.		
				Total

Nᵒ	Article du Budget	Du 190		Fabrique de
		Reçu de M.		
		Dont quittance Le Comptable de la Fabrique,		
				Total

Au moment où il fait une recette, le Comptable l'enregistre dans son journal. Il doit noter

1° Le Numéro d'Ordre de la quittance dans la première colonne. Les numéros doivent se suivre sans interruption si le comptable est un receveur spécial gérant plusieurs fabriques, il devra inscrire le nom de la fabrique dans cette même colonne, au-dessous du numéro de la quittance.

2° La Date de la recette, et le Nom de la partie versante.

3° Le ou les Articles du budget en vertu desquels se fait la recette.

4° L'Année de l'exercice auquel se rapporte la recette

5° La Nature de la recette. On pourra avantageusement pour la spécifier, employer les mêmes rubriques que dans le budget (col. 2)

6° Le Montant, en chiffres du produit perçu. Les sommes enregistrées dans cette dernière colonne ont totalisées, à la fin de chaque jour, et les totaux des jours précédents sont reportés au dessous de ceux de chaque jour, de manière à reproduire, en un total général, le montant des sommes dont le Comptable devra rendre raison. Le total particulier à chaque jour est aussitôt inscrit en bloc dans le Livre Journal de Caisse.

180. _____ Après avoir enregistré une recette sur la souche, le comptable remplit la quittance qui se trouve en regard. Lorsque le versement a trait à plusieurs articles du Budget, ou représente des produits de diverse nature, la quittance doit être explicative. c à d mentionner expressément les divers produits dont il est fait recette globale.

La quittance doit être revêtue du timbre de 0f 25, à

(1) - Inst. min 15 Xbre 1893

la charge de la partie versante, lorsque la recette excède 10 fr. ou lorsque, n'excédant pas 10 fr., elle a pour objet, soit un acompte, soit un payement final sur une somme supérieure à ce chiffre.

Il n'y a pas lieu d'apposer le timbre sur les quittances qui sont données pour ordre, notamment sur les quittances délivrées au régisseur des recettes ou à tout autre employé de la fabrique pour le versement qu'il effectue des produits des quêtes, troncs, bancs et chaises, et oblations tarifiées.[1]

Mais le même timbre de 0 fr. 25 doit être apposé, dans les mêmes conditions, aux *duplicata* des quittances délivrées par le comptable.

Ces duplicata ne peuvent en aucun cas être extraits du *Journal à souche*, attendu qu'ils interrompraient la série des numéros d'ordre et qu'ils ne sont pas la constatation d'une recette nouvelle. Le comptable y emploie donc une simple feuille volante, et il a soin d'y inscrire et le numéro de la quittance primitive et la mention *duplicata*

—

181 ———— II. DÉPENSES. ———— Le comptable est, en principe, seul chargé d'effectuer les dépenses de la fabrique. Il n'y a d'exception à cette règle que le cas du régisseur de dépenses, et celui où les travaux sont exécutés par économies. Dans ces deux cas, en effet, l'argent est versé non entre les mains des intéressés directement, mais par l'intermédiaire du *Régisseur* ou de celui des marguilliers qui dirige les travaux.

(1) — Inst. min. 15 Xbre 1895. art. 19.

183 _____ Cinq conditions doivent être remplies, pour que la dépense effectuée soit régulière.

1: Le comptable doit s'assurer de l'identité des parties prenantes. (1) — Ce qui se ferait par témoins, ou par toute pièce d'identité, lorsque ladite partie n'est pas connue personnellement du comptable.

2: Le créancier doit justifier de ses droits au paiement. (2) A cet effet, il produit, outre le mandat à lui délivré, par le Président du Bureau, toutes les pièces justificatives de sa créance, telles que Certificat de réception des travaux, factures ou mémoires. etc. On en trouvera ci-dessous (Art II § 2) la nomenclature complète pour chaque article du Budget.

3: Il doit y avoir un crédit régulièrement ouvert pour couvrir la dépense. (3) — Chaque crédit doit servir exclusivement à la dépense pour laquelle il a été ouvert. La destination n'en peut être changée sans une décision de l'autorité qui a compétence pour régler le Budget. (4).

4: La dépense doit être effectuée avant la clôture de l'exercice. — La durée de l'exercice, pour le paiement des dépenses comme pour le recouvrement des produits, s'étend jusqu'au 15 mars de l'année qui suit celle dont l'exercice porte le nom. Passé cette date, le comptable doit refuser le paiement des mandats qui lui sont présentés, ces mandats sont annulés, sauf réordonnancement ultérieur, s'il y a lieu. (5)

5: La partie prenante doit donner une quittance

_____

(1) Inst. minis 15 Déc. 1193. Art 30.

(2) — Ibis Art. 27

(3) — Ibis. Art 23

(4) — Ibis Art 22

(5) — Ibis Art. 29 et 3.

signée. — Lorsque le porteur d'un mandat n'excédant pas 150ᶠ déclare ne pas savoir signer, le comptable peut effectuer le paiement en présence de deux témoins qui signent avec lui, sur le mandat, la déclaration faite par la partie prenante. Si le mandat excède 150ᶠ, la quittance doit être donnée devant notaire. (1)

6: La partie prenante laisse entre les mains du comptable, outre la quittance signée ou timbrée, toutes les pièces justificatives et notamment le mandat de l'ordonnateur signé, mais non timbré. — La signature du créancier est exigée sur le mandat pour annulation de cette pièce.

183. ——————— D'après cela, on voit que le comptable n'est pas simplement un employé de la Fabrique aveuglément soumis aux ordres du Président du Bureau. Il est, au contraire, tenu de s'assurer que les mandats émis par celui-ci sont en règle, que la dépense n'excède pas le crédit ouvert, et que d'ailleurs le créancier remplit les conditions voulues pour obtenir le paiement de sa créance. Il est personnellement responsable des irrégularités et illégalités qui se glisseraient dans la réalisation des dépenses.

Mais dès que les conditions ci-dessus se trouvent remplies, il ne peut refuser ni retarder le paiement des mandats qui lui sont présentés. Les seuls cas de refus ou de retard légitimes et prévus par l'instruction ministérielle sont au nombre de quatre :

1: —— Quand la somme ordonnancée ne porte pas sur un crédit ouvert, ou excède ce crédit

2: —— Quand les pièces produites sont insuffisantes, irrégulières, ou non conformes à la nomenclature ci-dessous (Art. III 92)

---

(1) Inst. minist. 15 Déc. 1893. Art. 30.

Les pièces sont réputées irrégulières quand l'une des six conditions ci-dessus fait défaut.

3° ____ Quand il y a opposition dûment signifiée entre les mains du comptable. Dans ce cas, le comptable, sans se faire juge de la valeur de l'opposition, sursoit au paiement et se conforme aux dispositions des articles 557 et suivants du Code de procédure civile.

4° ____ Quand, par suite de retards dans le recouvrement des revenus, il y aurait insuffisance de fonds dans la Caisse. (1)

D'ailleurs, même en ce cas, tout refus de paiement doit être motivé dans une déclaration écrite, immédiatement délivrée par le comptable au porteur du mandat, lequel en réfère au Président pour que ce dernier avise aux mesures à prendre ou à provoquer. (2) Il ne pourrait, en effet, pratiquer d'opposition sur les sommes dues à la fabrique ; car les deniers de cet établissement sont insaisissables. (3)

184. _____ Toute dépense effectuée par le comptable, nécessite deux écritures : la quittance délivrée par la partie prenante, et l'enregistrement du débours au Livre de caisse du comptable.

La quittance peut être libellée de deux manières :

La première manière consiste à donner quittance de la somme touchée sans explication aucune, soit au pied de la facture ou du mémoire qu'on veut acquitter, soit sur une feuille à part avec mention de la facture ou du mémoire dont il est donné quittance. Mais alors la facture ou le mémoire doivent être sur timbre de dimension, sans préjudice du timbre-quittance qui est toujours requis.

_____

(1 et 2) _ Ibid. Art. 27. 28.

(3) _ D. 27 Mars 1893. Art. 22.

La seconde manière consiste à donner reçu de la somme en expliquant le détail des articles dont on se déclare payé. C'est la quittance explicative. Elle tient lieu à elle seule de mémoire ou de facture, et n'est soumise qu'au timbre de 0f 10, s'il y a lieu. (1)

185. En même temps qu'il effectue la dépense, le comptable en inscrit le détail dans son Livre journal de Caisse, dont les pages sont cotées et paraphées par le Président du Bureau.

L'organisation en est simple et facile à saisir.

~ LIVRE-JOURNAL de CAISSE ~

Dates des Opérations	Folios sur lesquels les dépenses ont été transportées sur le livre de détail	Désignation des Opérations	Recettes	Dépenses
		Report -		
		À reporter		

Il y note :

1° La date des opérations de recettes ou dépenses effectuées par lui

2° La page du livre de détail à laquelle l'opération se

(1) — Ibid. art. 31. Voir le modèle de quittance explicative

reportée ;

3° Les opérations effectuées. Pour les recettes, il se contente d'ins-crire. Sommes perçues en ce jour. Pour les dépenses, il indique le nom des parties prenantes, le numéro du mandat, ainsi que l'exercice et l'article du budget ordinaire ou extraordinaire sur lequel le mandat est émis.

Les chiffres indiquant les sommes perçues ou versées sont inscrits à leur colonne propre. Pour obtenir le solde en caisse, il suffit de totaliser les recettes et les dépenses : la différence entre les deux totaux fait connaître ce solde.

Le total des recettes et des dépenses est reporté de chaque page à la page suivante. (1)

136. — Services hors Budget — On désigne, sous ce nom, les recettes et les dépenses que le comptable de la Fabrique effectue pour le compte du Clergé et des serviteurs, et qui de leur nature, ne sont pas susceptibles de figurer au budget.

Le comptable peut, à son gré, se charger personnelle-ment de ces services, ou les confier à un régisseur, Curé, Vi-caire ou serviteur de l'Église.

Dans le premier cas, il tient ses écritures de la manière suivante :

1° Au Journal à souche des recettes, il inscrit, sur le talon, seulement la part qui revient à la Fabrique, et qui entre dans les services budgétaires. Toutefois la quittance détachée de ce journal peut être remise à la partie prenante, fait mention du versement total, c.-à-d. de ce qui revient au clergé et aux serviteurs, et de ce qui revient à la Fabrique conformément au modèle rapporté page . Cette quittance est timbrée de 0f,25.

---

(1) — Modèle officiel. notes annexes. passim.

2: La part qui doit être attribuée au Clergé et aux serviteurs de l'Église est portée, tant en recettes qu'en dépenses, seulement au Livre de détail, dont nous expliquerons tout à l'heure la disposition et l'usage.

3: A mesure que les intéressés lui présentent les mandats, à eux délivrés par l'Ordonnateur, le Comptable leur remet la part qui leur revient, et en dresse un état détaillé, conformément au modèle donné page 89 (1).

137. ———— — Dans le second cas, c. à. d. quand la gestion des services hors budget est confiée à un ecclésiastique ou à un serviteur de l'Église, celui-ci tient un journal à Souche, entièrement semblable à celui du Comptable (modèle page). Il inscrit, au talon et sur la quittance, la totalité de la somme perçue pour la fabrique et les autres intéressés. Le timbre est seulement de 0f.10.

A mesure qu'il remet au Clergé et aux serviteurs de l'Église leur part d'oblations, il en dresse un État détaillé dont nous avons

LIVRE de DÉTAIL

1. Compte des Recettes

Exercice 190

Art   du Budget { ordinaire { extraordinaire

Dates du Recouvrements	Montant des produits à recouvrer	D'après le budget primitif / En vertu des articles additionnels / En vertu d'autor. spéciales / du / du / Total	Montant des sommes à recouvrer d'après les titres de perception délivrés	Sommes Recouvrées		Total à la fin de chaque recouvreur
				En 190 1ère année de l'exercice	En 190 2me année de l'exercice	

(1) — Inst. min. 15 Déc 1893 Art. 33

donné le modèle page 89 ; et cet état est remis ensuite au comptable, en même temps que les deniers et quittances selon ce qui a été expliqué plus haut , Nᵒˢ 84 et 85.

188 _____ Du Livre de Détail . C'est une sorte de Grand Livre où tous les articles , recettes ou dépenses du Budget , ainsi que des services hors budget , ont leur compte spécial en une ou plusieurs pages , selon qu'il en est besoin. On pourrait aussi le comparer à une Table analytique des matières dans laquelle les recettes et dépenses qui sont d'abord inscrites en bloc au Journal à Souche et au Livre de Caisse , sont ensuite reportées dans celui-ci et détaillées selon l'ordre des articles du Budget auxquels elles se rapportent .

Le modèle que nous rapportons ci-dessous en fera saisir facilement l'organisation.

LIVRE de DÉTAIL

II Compte des Dépenses

Exercice 190 .

Art.   du Budget { ordinaire
                       { extraordinaire

Dates des Paiements	Situation des Crédits ouverts	Par le Budget prim .. En vertu des chap. add .. — d'autor . spéc .... du — du		Total	Paiements effectués		Total de la fin ou Chaque trimestre
					En 190.. 1ʳᵉ Année de l'exercice	En 190.. 2ᵉ Année de l'exercice	

141. Inst min 13 Déc 1893 Art 16

On inscrit au livre de détail :

1: La date du recouvrement ou paiement,

2: Sa nature. Pour les recettes, on ajoute le montant des sommes à recouvrer, tel qu'il résulte de la teneur des titres de perception ;

3: Le montant des opérations effectuées. On remarquera qu'une colonne distincte est réservée à celles qui s'effectuent pendant la période complémentaire de l'exercice.

4: Les totaux à la fin des trimestres et de l'exercice.

Le Livre de détail est tenu par exercice. Il s'ensuit que le même livre ne peut servir à deux exercices différents. C'est pourquoi les Comptables, ayant à opérer, du 1ᵉʳ janvier au 15 mars de chaque année, les recettes et dépenses de l'exercice qui commence, et celles de l'exercice qui s'achève, doivent, pendant cette période, tenir concurremment ouverts deux Livres de détail.

Dans les cas où le comptable de la Fabrique est un receveur spécial, et où ce receveur gère le service de plusieurs fabriques, situées dans le même canton, il doit tenir autant de livres de détail qu'il a de fabriques dans sa gestion.(1)

189. _____ La principale utilité du Livre de détail consiste à fournir ; toujours prêts, au Comptable, par le classement méthodique et régulier des opérations effectuées, les éléments des Bordereaux et du compte. Il suffit, en effet, de totaliser les opérations faites à la fin du trimestre et de l'exercice, pour obtenir immédiatement les résultats qui doivent être présentés, en tableau, dans les Bordereaux et le compte.

D'après cela, il semble qu'on pourrait facilement s'en passer dans les fabriques dont le budget se monte seulement à quelques centaines de francs. Les opérations de recettes et dépenses y sont nécessairement fort restreintes, et les Bordereaux et le compte

(1) . Inst . min . 15 Déc 1893 Art. 14.

peuvent y être établis simplement au vu des pièces justificatives, et sans leur classement préalable dans le livre de
détail.

Néanmoins l'instruction ministérielle du 15 Décembre 1893 exigeant la tenue de ce livre, le comptable qui
voudrait s'en dispenser, pourrait se voir l'objet d'une répri-
mande de la part des inspecteurs des finances.

190 —————— Les comptables de la fabrique
sont soumis dans l'exécution de leur service à trois contrô-
les différents, savoir:

1° La vérification des inspecteurs généraux des
finances — Le Trésorier-marguillier, quand il fait les fonctions de comptable, y est assujetti aussi bien que le receveur spécial ou le percepteur (1). Ce dernier est, en outre,
placé sous la surveillance et la responsabilité du receveur des
finances de l'arrondissement (2).

Cette vérification, distincte de celle qui est faite par
les préposés de l'enregistrement pour assurer l'exécution des
lois sur le timbre (3), a pour objet de contrôler la régularité
des écritures du comptable, et l'état de la caisse, dont le
contenu réel doit toujours être conforme aux indications
du Livre-journal de Caisse. Elle peut avoir lieu en tout
temps, mais toujours sans déplacer.

2° La surveillance de l'Évêque, qui, aux termes
du décret de 1809. peut, dans tous les cas, se faire représenter tous comptes, registres et inventaires, et vérifier l'état de
la caisse du trésorier (4). Le décret de 1893 en exempte le percepteur et le receveur spécial (5)

---

(1) D. 27 mars 1893 — Art. 8 ——— (3) Voir plus haut.

(2) Ibid   Art. 6 ——— (4) Art. 87 ——— (5) Art. 13.

3° La vérification du Bureau des Marguilliers. Les percepteurs en sont exempts, mais le receveur spécial et le trésorier-marguillier y sont soumis. En conséquence, le Bureau se fait rendre compte, quand il lui plaît, de l'état de la caisse, du portefeuille et des livres (1).

Il doit exiger tous les trois mois un bordereau dans lequel le comptable présente en un tableau synoptique

Bordereau

1° Situation   des

Articles du Budget. 1	Désignation des produits à recouvrer 2	Fixation provisoire d'après les Budgets prim. et Supplémentaires 3	Montant des produits d'après les titres et actes justifié.				
			au 31 Mars 4	au 30 Juin 5	au 30 Sept. 6	au 31 Déc. 7	au 31 Mars de la 2ᵉ Année 8
1 2 3 4 etc.	Ch. I. Budget ord. Produit des biens restitués . . .						
	Total						
1 2 etc.	Ch. II. Budget extraord Sommes provenant de dons						
	Total						
	Ch. III Recettes suppl. §1. Excédent .. de 190 Budget ord. §2 Restes à recouvrer §3. Recettes imprévues Budget extraord. §4 Recettes à recouvrer §5 Recettes imprévues Budget ord. §6. Recettes par dons Budget extraord. §7 Recettes par dons ..						
	Total des Recettes.						

(1) Art 87
(2) Art. 13

les prévisions budgétaires, et, en regard, les opérations effectuées depuis l'ouverture de l'exercice, et celles qui restent à effectuer jusqu'à la fin. Ce bordereau est un véritable compte trimestriel qui permet à l'ordonnateur de s'assurer de l'état précis des finances fabriciennes, et spécialement du montant des crédits qui restent ouverts à chaque article.

Nous en donnons ci-dessous le modèle usité dans la comptabilité des établissements publics.

Trimestriel

Comptes des Recettes

Époques		Recouvrements effectués					Restes à	Observations
auxquelles les produits sont exigibles	auxquelles les baux et autres actes se terminent	au 31 Mars	au 30 Juin	au 30 Sept.	au 31 Déc.	au 31 Mars de la 2e Ann.	recouvrer à la clôture de l'exercice	
		11	12	13	14	15	16	17

§ 3. Fonctions des Régisseurs
de recettes et de dépenses.

191. On a vu plus haut les devoirs et les écritures qui sont imposées au régisseur des recettes. (n°s 84, 85 & 187)

Bordereau

2ᵉ Situation des

Ord. du Budget	Désignation des Dépenses à faire	Crédits ouverts				Époques auxquelles les dépenses sont exigibles
		par le Budget primitif	Par le Budg. suppl.	par autoris spéciales	Totaux	
1 2 etc.	Ch. I. Budget ord. Objets de consommation					
	Total					
1 2 etc.	Ch. II. Budget extraord					
	Total					
	Ch. III. Dépenses supp. Budget ord.					
	§ 1. Reste à payer					
	§ 2 Dépenses imprév.					
	Budget extraord.					
	§ 3. Reste à payer					
	§ 4. Dépenses imprév.					
	Budget ord.					
	§ 5 autoris spéciales.					
	Budget extraord					
	§ 6 aut. spéciales					
	Total des Dépenses					

Nous avons dit aussi que les dépenses qui peuvent être effectuées par le régisseur sont strictement déterminées par les dispositions du décret de 1893 et de l'instruction ministérielle du 15 décembre de la même année. Ce sont :

1° Les dépenses pour les objets et frais ordinaires du Culte (art 1 du Budget)

2° Les dépenses pour frais d'entretien du mobilier

3° Le régisseur peut être chargé , en outre, de payer sur émargement les traitements et salaires des Vicaires, prêtres attachés, officiers et serviteurs de l'Eglise. (1)

(1 - D. 27 Mars 1898. Art. 4. Inst. 15 Xb. 1893. Art. 15

Trimestriel
Comptes des Dépenses

Payements					Effectués					Restes à payer à la clôture de l'exercice	Restes annulés faute d'emploi	Observations
au 31 Mars		au 30 Juin		au 30 Sept		au 31 Déc.		au 31 Mars de l'exe 2e A.				
											14	15

192. _____ Pour cette dernière dépense, il n'y a pas d'écriture spéciale à tenir, en dehors de l'état émargé par les signatures des intéressés.

Quant aux deux autres, elles forment proprement l'objet de la Régie des Dépenses.

Comme il a été déjà expliqué (n° 102), le régisseur reçoit au début de sa gestion, une avance de fonds, par le moyen d'un Mandat qui ne porte aucune indication de crédit, ni d'exercice. Sur cette avance, qui ne peut dépasser le dixième du crédit ouvert sur les articles 1 et 2 du Budget des dépenses, il effectue les mêmes dépenses nécessaires. Puis, pour reconstituer son avance permanente, il se fait délivrer à son nom, par le Président du Bureau, sur les articles

Récapitulation du Bordereau trimestriel

	Effectuées –	A effectuer –
Recettes		
Dépenses		
Excédent		

du Budget correspondant aux dépenses faites, un mandat de paiement dont le montant représente les mêmes dépenses payées au moyen de l'avance (¹).

193. ——————. Les écritures du Régisseur sont nulles. Il est tenu seulement à fournir les pièces justificatives à l'appui des mandats pour dépenses faites.

Le comptable tient à l'occasion du payement de ces mandats les mêmes écritures que pour les autres dépenses.

Mais pour le mandat d'avance permanente, il n'y a aucune écriture à passer. Ce mandat, dûment quittancé, est conservé dans la Caisse du Comptable, et y représente du numéraire.

Article III

Des Comptes

194 ——————. Les régisseurs de recettes et de dépenses n'ont affaire qu'au seul comptable, au nom et sous la responsabilité de qui ils agissent.

Sont seuls responsables 1° L'Ordonnateur, pour les actes d'administration accomplis par lui pendant

———————————

(¹). Ibid

chaque exercice auquel il a présidé.

2° Le Comptable, pour la gestion des deniers pendant l'année ou la durée de ses fonctions.

De là deux sortes de comptes : 1° Le Compte d'exercice, appelé aussi Compte administratif, qui est rendu par le Président du Bureau; 2° Le Compte de Gestion, rendu par le Comptable.

Nous exposerons, dans deux paragraphes distincts, la manière d'établir ces comptes, et dans un troisième les règles concernant leur vérification et approbation.

3. 1. Du Compte administratif.

195. _____ Le Compte administratif a pour objet d'établir le résultat de l'exercice, par la compa- raison des droits acquis et des dettes contractées pendant la durée dudit exercice.

Seul il permet de connaître la situation financière de la fabrique, car suivant que les droits acquis l'empor- tent sur les dettes contractées, ou vice versa, la fabrique se trouve en état d'Excédent ou de Déficit. Le compte de gestion n'étant en soi qu'un compte matériel des recettes et dépenses effectuées, ne peut faire connaître l'état vrai des finances fabriciennes.

Sous l'empire de la législation de 1809, le trésorier seul rendait un compte annuel, et ce compte se rapportait à la fois à sa gestion personnelle et à l'administration du Bureau. C'était tout ensemble un compte de gestion et un compte d'exercice. Le décret du 27 Mars 1893, pré- cise davantage la distinction de l'administration et de la gestion, et impose au Président du Bureau le devoir de rendre un compte séparé du service administratif de la fabrique, tant en son nom personnel qu'au nom du Bureau des marguilliers tout entier. Le comptable, de son côté, établit à part le compte de sa gestion personnelle.

196. _____ Le Président du Bureau doit donc compter des opérations accomplies par lui durant l'exercice, tant pour la fixation des recettes à percevoir que pour la liquidation et l'ordonnancement des dépenses.

À cet effet, dès que l'exercice est définitivement clos, c'est à dire dès le 15 Mars, il se concerte avec le comptable pour la préparation du compte, et passe en revue toutes les pièces qui peuvent faire connaître exactement les droits constatés, durant l'exercice, soit au profit, soit à la charge de la fabrique.

– Ces pièces sont, outre les budgets et autorisations spéciales:
1º Pour les Recettes A - Le Carnet d'enregistrement des titres de perception; – B - À son défaut, les titres de perception eux-mêmes existant, soit dans l'armoire aux papiers de la fabrique, soit entre les mains du comptable · la liste en est donnée ci-après, (§.2) dans le tableau des justifications à produire par le comptable; – C - Enfin, le Journal à souche des Recettes et les autres livres du comptable.
2º Pour les Dépenses A - Le livre d'enregistrement des droits des Créanciers; – B - Le livre des Mandats délivrés, ou le talon des mandats délivrés quand on a extrait ces mandats d'un livre à souche; – C - et au besoin, les pièces justificatives qui ont servi à liquider et à ordonnancer les dettes de la fabrique.

197. Muni de ces pièces, le Président du Bureau établit le compte administratif, dans la forme officielle reproduite sommairement ci-après.

Diocèse de

Département de

Fabrique de

que présente le Conseil de Fabrique de l'Église {Curiale / Succursale.} ou de la Chapelle {paroissiale.}

M.... Président du Bureau des Marguilliers, Ordonnateur.

pour l'année 19.

Recettes.

Numéros des art. du Budget	Nature des Recettes 2.	Sommes à recouvrer		Recettes effectivées pour l'exercice 19.. 5	Restes à recouvrer 6	Observations 7
		d'après le Budget primitif les articles additionnels et les autorisations spéciales	Montant des produits d'après les titres à perception et actes justificatifs			
	(Copier textuellement les articles du Budget primitif, du budget supplémentaire, et des autorisations spéciales)					
	Totaux des Recettes					
	Récapitulation					
	Budget ordinaire .					
	Budget extraordinaire .					
	Chapitres additionnels					
	Totaux ..					

Dépenses

1 Nᵒˢ des articles du Budget	Nature des Dépenses. 2	Crédits ouverts par le budget primitif, les art. additionn. et les autorisat. spéciales 3	Montant des droits constatés au 31 déc. 19. 4	Paiements et écritures jusq. 15 mars, époque de la clôture de l'exercice 19 5	Restes à payer à reporter à l'exercice 19. 6	Reliquats de crédits annulés faute d'emploi 7	Observations. 8
	(Copier textuellement les art. du Budget prim., du Budget supplément. et des autorisations spéc.)						Les chiffres de la colonne 6 sont ceux de la colonne 4 diminués de ceux de la colonne 5. Les chiffres de la col. 7 sont ceux de la col. 3 diminués de ceux de la col. 4.
	Totaux des Dépenses						
	Récapitulation.						
	Budget ordinaire ..						
	Budget extraordᵗ						
	Chapitres additionnels.						
	Totaux des Dépenses						

Résultat du Compte de l'Exercice 190..

Recettes (y compris l'excédent des recettes
de l'exercice précédent) . . .

Dépenses . . . .

Excédent { de recettes
,, Dépenses .

A reporter au Budget de 190

fr	c

Certifié le présent Compte d'administration rendu pour
les recettes et dépenses de l'exercice 190 par Nous, Président
du Bureau des Marguilliers

Fait à . . . , le, 190.

Vu et Approuvé le présent compte arrêté en Recettes
à (en toutes lettres) . . . et en Dépenses
à (—) . . . . . . , par Nous,
Membres du Conseil de Fabrique soussignés, qui décla-
rons en outre que, à notre connaissance, il n'existe
aucune recette de la fabrique, autre que celles mention-
nées au dit compte.

A . . , le . . , 190..

Signature des Membres de la Fabrique)

Le compte se divise en deux titres, celui des Recettes et celui des dépenses.

Chaque titre se divise à son tour en trois chapitres : le 1er pour les opérations faites en vertu du budget primitif ordinaire ; le 2e pour le Budget extraordinaire ; le 3e pour les chapitres additionnels, c.-à-d. le budget supplémentaire et les autorisations spéciales. Dans ce dernier chapitre, on doit faire figurer, en première ligne, le résultat, — Boni ou Déficit du compte administratif de l'exercice précédent, le Boni en recette effective, et le déficit en dépense.

Enfin chaque chapitre reproduit en détail et dans le même ordre tous les articles des différents budgets et des autorisations spéciales.

Cela posé, il est facile de comprendre le rôle de l'ordonnateur dans l'établissement du compte d'exercice.

198 ————————— Au titre des Recettes, après avoir rapporté dans la colonne n° 3 les évaluations budgétaires, il inscrit :

Dans la colonne 4, le montant des recettes, tel qu'il a été constaté et fixé d'après la teneur des titres de perception et actes justificatifs.

Dans la colonne 5, le montant des recettes effectuées réellement au 15 Mars, date de la clôture définitive de l'exercice.

Dans la colonne 6, le montant des recettes qui n'ont pu être effectuées à cette date, bien que le droit de la fabrique à les percevoir ait été dûment établi dans les titres de perception. Ces restes à recouvrer seront reportés à l'exercice en cours, et, à cet effet, inscrits au budget supplémentaire, selon ce qui a été expliqué. N° 160.2°.

199 ————————— Au titre des Dépenses, après avoir rappelé dans la colonne 3, le montant des crédits ouverts tel qu'il résulte des Budgets primitif et supplémentaire et des

autorisations spéciales, le Président indique :

Dans la colonne 4, le montant des droits constatés au 31 Décembre, au profit des créanciers de la fabrique et résultant des services faits pendant l'année;

Dans la colonne 5, le montant des sommes payées pour l'extinction des droits des créanciers, soit pendant l'année de l'exercice, soit pendant la période complémentaire du 1ᵉʳ janvier au 15 mars suivant;

Dans la colonne 6, le montant des restes à payer au 15 mars. Les restes à payer comprennent soit les dettes qui n'ont pas été ordonnancées avant le 1ᵉʳ Mars, bien qu'elles aient été constatées, en temps opportun, par l'examen des pièces justificatives; soit celles qui ont été ordonnancées, mais non payées, à raison de la négligence des bénéficiaires à réclamer le montant des mandats avant le 15 mars. Ils sont reportés dans le budget supplémentaire de l'exercice et payés après réordonnancement sur les crédits nouvellement ouverts.

Dans la colonne 7, les crédits ou portions de crédit à annuler, faute d'emploi dans les délais prescrits, c.-à-d. faute d'engagement des dépenses correspondantes avant le 1ᵉʳ janvier qui suit l'année de l'exercice. ——— Il est indispensable de consacrer une colonne aux reliquats de crédits annulés, afin que désormais il soit impossible d'ordonnancer aucun paiement sur les crédits de l'exercice clos. En additionnant ces reliquats avec les paiements effectués et les restes à payer, l'on doit retrouver des sommes exactement égales au montant des crédits : c'est la preuve que l'Ordonnateur n'a pas dépassé, dans l'émission des mandats, les crédits ouverts pour chaque article.

200———————— Le Président du Bureau, après avoir détaillé les recettes et dépenses de l'exercice dont il rend compte, en fait la récapitulation, et établit la balance des recettes et des dépenses, pour l'excédent être reporté au

Budget supplémentaire de l'exercice en cours.

Le compte ainsi dressé est examiné par le Bureau. Celui-ci le compare au compte de gestion présenté par le comptable, pour le même exercice, constate que les deux comptes sont concordants et exacts, ou discordants et inexacts, et fait son rapport au Conseil de fabrique à qui il appartient de procéder au règlement définitif.

§ 2. Du Compte de Gestion.

201 _____ Le comptable, quelqu'il soit, doit rendre compte de sa gestion à la fin de chaque année, et au moment où il cesse ses fonctions. En cas de mutation, le compte du trésorier-marguillier ou du receveur spécial remplacé, doit être présenté dans les trois mois qui suivent la cessation de ses fonctions. Il doit être appuyé d'un procès-verbal de caisse et de remise de service dressé à la même époque par le Bureau des marguilliers, et d'un certificat du président de ce bureau, constatant qu'il n'y a pas de reprises à exercer contre lui.

La manière de présenter ce compte de fin de gestion est assez semblable à celle imposée pour le compte annuel de gestion : attendu que ces deux comptes, théoriquement du moins, ont le même but et portent sur le même genre d'opérations. Mais pratiquement le compte annuel de gestion se combine quelque peu avec le compte d'exercice, et de là naît une complication plus grande dans la manière de l'organiser.

Il faut en effet dans le compte annuel justifier devant le conseil de fabrique et les juges des comptes de deux choses distinctes : la gestion annuelle et l'exécution du Budget.

202 _____ Pour comprendre ce que doit être, théoriquement, le compte de gestion, qui est un compte de caisse, supposons que le comptable est arrivé à la fin de la 1re année de sa gestion.

Le compte alors devra comprendre :

1° En recettes. A. L'argent qui se trouvait en caisse au 1er janvier

B. les recettes effectuées du 1er janvier au 31 décembre, tant pour la fabrique que pour les services hors budget.

2° En dépenses. — celles effectuées du 1er janvier au 31 décembre tant pour la fabrique que pour les services hors budget.

La différence, s'il y en a une, entre les recettes et les dépenses ci-dessus devra être représentée par l'argent en caisse au 31 décembre. Il peut arriver que les deux totaux soient équivalents, et que les dépenses égalent les recettes, mais il est impossible qu'elles le dépassent, attendu que le comptable n'a pu tirer de sa caisse plus qu'il n'y avait.

Tel est, dans son concept essentiel, le compte de gestion

203 _____ Le comptable doit en outre montrer que dans sa gestion il a exécuté le budget. Sans cela, le compte du comptable et celui de l'Ordonnateur ne seraient pas en concordance, et il serait impossible de contrôler l'un par l'autre.

Or pour prouver que le budget a été régulièrement

exécuté, il est nécessaire d'établir le compte d'exercice, tel qu'il appartient à l'ordonnateur de le dresser, et dont nous avons rapporté ci-dessus le modèle. Ses éléments essentiels sont:

1° En recettes : A — Tout ce qui a été perçu en vertu des budgets et autorisations spéciales;

B — Ce qui reste à percevoir.

2° En dépenses : A — Ce qui a été payé en exécution des budgets et autorisations spéciales:

B — Ce qui reste à payer.

La différence entre le total des recettes fixées d'après les titres de perception, et celui des dépenses engagées constitue le Résultat de l'exercice. On l'appelle Boni, Équilibre, ou Déficit selon que les recettes sont supérieures, égales ou inférieures aux dépenses.

204 —————————— D'après ces deux tableaux sommaires des deux comptes, de gestion et d'exercice, il est facile de voir ce qui les distingue.

1° Le compte de gestion porte uniquement sur les faits matériels de recouvrement et de paiement, qu'ils appartiennent ou non à un exercice quelconque; le compte d'exercice porte sur la conformité de ces mêmes faits avec le budget qui les autorise.

2° Le premier ne s'occupe que des faits réellement accomplis; le second embrasse, en outre, ceux qui restent à accomplir pour l'exécution intégrale du Budget.

3° Dans le 1ᵉʳ les recettes sont au moins égales aux dépenses, dans le 2ᵐᵉ les dépenses peuvent l'emporter sur les recettes

Mais ces différences mêmes sont une raison de plus de rapprocher, pour les comparer et les faire concorder, le compte de gestion et le compte d'exercice.

Ce rapprochement se fait en réunissant dans un seul

tableau les deux tableaux donnés ci-dessus, pour le compte de gestion au n° 202, et pour le compte d'exercice au n° 203. De cette réunion résulte un compte unique, dont on peut présenter les grandes lignes de la manière suivante :

Compte de l'exercice 1894

_ Recettes _

- 1 -	- 2 -	- 3 -
En caisse au 1er janv. 1894 "		
Recettes effectuées en 1894 pour complément de l'exercice 1893 . . . . . "		
A. Recettes en 1894, pour l'exercice 1894 . . . "	A'. Recettes effectuées en 1895 pour complément de l'exercice 1894 . . . . "	A". Recettes restant à effectuer . . . "
Recettes en 1894 pour les services hors budget . . "		

_ Dépenses _

Dépenses faites en 1894 pour complément de l'exercice 1893 . . . . . . "		
Dépenses faites en 1894 pour l'exercice 1894 . . . "	Dépenses faites en 1895 pour complément de 1894 "	Dépenses restant à effectuer . . . "
Dépenses faites en 1894 pour services hors budget . . "		

205 ——————— Le compte ainsi organisé permet de saisir immédiatement et d'un seul regard la situation des finances fabriciennes.

Veut-on savoir, par exemple, quel a été le résultat de la gestion du comptable pendant l'année 1894 ? Il suffit de retrancher le total des dépenses du total des recettes effectuées en 1894, et contenues dans la première colonne ci-dessus.

Veut-on savoir le résultat de l'exercice 1894 ? Il suffit de mettre en balance le montant des recettes et celui des dépenses effectuées en 1894 et 1895 pour l'exercice 1894, et restant à effectuer. (A, A' et A")

Veut-on savoir enfin si le compte du comptable concorde avec celui de l'ordonnateur ? Il suffit de comparer le résultat de l'exercice dans l'un et dans l'autre.

206. — Telle est, en résumé, l'organisation du compte que doit présenter le comptable. Le modèle officiel que nous donnons ci-après, agrandit cette organisation et y ajoute toutes les dispositions accessoires qui peuvent éclairer le conseil et le juge des comptes sur le détail des opérations comme sur l'état général de la comptabilité fabricienne.

C'est ainsi qu'après avoir sommairement rappelé la situation de la caisse du comptable au début de sa gestion annuelle et les opérations complémentaires de l'exercice qui a précédé, il décrit dans le plus minutieux détail les recettes et dépenses de l'exercice et de la gestion dont il est compté.

207. — Pour les recettes, après avoir rapporté les évaluations budgétaires (col 4) et le montant des recettes fixé d'après les titres et actes justificatifs (col. 5) comme dans le compte de l'ordonnateur (col. 3 et 4 de ce compte), le comptable doit inscrire :

1° Les recouvrements effectués. Les recouvrements sont divisés en deux classes, les uns effectués durant la gestion de 1894 (col 6), les autres durant la gestion de 1895 (col. 7), puis réunis ensemble dans un total (col 8). — Cette distinction en deux classes permettra au comptable d'établir séparément ou le compte de caisse au 31 déc. 1894, par la colonne 6, ou le compte d'exercice au 15 mars 1895 col 6 7. 8 ?

2° Les restes à recouvrer, qui, comme il a été dit (n° 180 et 198) doivent être reportés dans le budget supplémentaire de l'exercice en cours d'exécution.

Pour les dépenses, après les évaluations budgétaires, le comptable inscrit :

1° Les paiements effectués, lesquels sont, eux aussi, divisés en deux classes suivant qu'ils appartiennent à la gestion de 1894 ou de 1895, puis totalisés, (col 5 6. 7.). La distinction des deux gestions a toujours pour but l'établissement distinct de la situation de caisse et du résultat de l'exercice.

2° Les restes à payer, savoir les dettes non-ordonnancées et les mandats qui n'ont pas été présentés par leurs porteurs avant le 15 mars. Les uns et les autres sont reportés en bloc au budget supplémentaire de l'exercice en cours, afin que le Président puisse les réordonnancer sur de nouveaux crédits.

3° Les crédits annulés faute d'emploi (col 9) Par là, sont annulés les excédents de crédits qui n'ont pas été couverts par des dépenses correspondantes, car on ne peut plus faire aucun mandatement sur les budgets de l'exercice clos.

208 — Pour les services hors budget, l'on remarquera que le comptable ne justifie d'après le modèle officiel, que de sa gestion durant l'année 1894. Il ne fait pas mention d'une période complémentaire pour achever le recouvrement et le paiement des services exécutés avant le 31 décembre.

La raison en est facile à comprendre. Les services

hors budget sont indépendants de tout budget et de tout exercice. Il n'y a donc pas lieu de les faire concorder avec un compte administratif, ni de les faire figurer dans un résultat d'exercice.

Leur recouvrement et leur payement sont de pures opérations de caisse; ils ne peuvent trouver place que dans un compte de gestion.

Quant à la distinction établie par le modèle officiel entre les recouvrements effectués et les restes à recouvrer, elle est assez claire par elle-même.

209. _____ Le modèle officiel du compte de gestion se termine par deux récapitulations, qui ont pour effet de distinguer plus nettement des éléments quelque peu confondus dans l'exposé détaillé des opérations dont il est compté.

La première, intitulée "Situation du Trésorier au 31 déc. 1894" est proprement le Compte de Gestion, c.-à-d. l'exposé sommaire des entrées et sorties qui ont eu lieu dans la Caisse du Comptable, du 1er Janvier au 31 déc. 1894

Elle envisage d'abord uniquement les opérations réellement effectuées entre ces deux dates, sans tenir compte de l'encaisse préexistante. Il en résulte que parfois le Comptable a pu, durant cette période, fait plus de versements que de perceptions, et, en ce cas, il y aura un Excédent ou a découvert sur la recette, comme le prévoit le texte officiel.

Mais cet excédent de dépenses réelles sur les recettes réelles ne peut avoir lieu que si la Caisse possède une réserve préalable provenant des gestions antérieures. Voilà pour-quoi la Situation de Caisse est toujours terminée positivement par cette conclusion que "au 31 déc, le Comptable se trouve débiteur envers la fabrique de la somme de

(Voir la suite, page 308)

Compte de Gestion
Exercice 1895.

que présente { au Conseil de Préfecture
        { à la Cour des Comptes M. . . . . Comptable,

pour les recettes et dépenses faites, savoir

1° Pendant l'année 1895 sur les services budgétaires de l'exercice 1895 , ainsi que sur les services hors budget;

2° Pendant l'année 189 , sur les services budgétaires de l'exercice 1895

Situation du Comptable au 31 déc. 1894.

Excédent des recettes au 31 déc 1894 , représenté à cette époque par les valeurs matérielles qui ont été reconnues suivant procès-verbal de caisse; lequel excédent sera reporté à la fin du présent compte pour établir la situation du comptable au 31 déc 1895

        Sur les services budgétaires

        Sur les services hors budget . .

Rappel

des opérations complémentaires de l'exercice 1894 , du 1er janvier au 15 Mars 1895

    Le Comptable rapporte ici, pour servir à l'établissement de sa situation au 31 déc 1895 , les recettes et dépenses effectuées du 1er janvier au 15 Mars de la gestion 1895 , sur l'exercice 1894, lesquelles sont détaillées dans le compte précédent et dont les justifications ont été produites par lui. Elles s'élèvent

Les Recettes, à la somme de . . . . . .

Les Dépenses, . . d . . . .

Gestion 1895 (2ᵉ partie)

Recettes du Budget de 1895 encaissées
du 1ᵉʳ janvier au 31 déc 1895.

Gestion 1896 (1ʳᵉ partie)

Recettes du Budget de 1895 encaissées
du 1ᵉʳ janvier au 15 Mars 1896

Fait recette le comptable de la somme de . . (En toutes lettres).
montant des recouvrements effectués par lui pendant l'année 1895 tant sur
les produits portés au budget de l'exercice 1895 et sur les produits reportés de
l'exercice 1894 que sur les produits perçus en vertu d'autorisations spéciales, ci

fr.

Fait recette le comptable de la somme de . .
(En lettres) montant des recouvrements effectués
du 1ᵉʳ janvier au 15 mars 1896 sur les produits
désignés, ci

fr.

Nᵒˢ d'ordre (1ᵉʳ ordre unique)	Nᵒˢ des articles du Budget	Désignation des Articles.	Sommes à recouvrer au compte de l'exercice 1895		Gestion 1895 Recouvrements effectués pendant les douze premiers mois de l'exercice 1895	Gestion 1896 Recouvrements effectués pendant les deux mois et demi complémentaires de l'exercice 1895	Totaux des Recouvrements de l'exercice 1895 Total des Colonnes 6 et 7	Restes à recouvrer au 15 mars 1895 à reporter à l'exercice 1896	Observations
	1	3	d'après le Bud voté et les autorisations spéciales	d'après les titres et autres	6	7		9	10
		Ch I. Budget ord. (Énumérer les Art.)							
		Total du Ch I.							
		Ch II Budget extr.ᵉ (Énumérer les Art.)							
		Total du Ch II.							

Ch. II Recettes supplément. (Chap additionnels)									
§ 1 Excédent de recettes du budget de l'exercice clos de 1893									
Budget ordinaire									
§ 2. Restes à recouvrer sur l'exercice 1894									
§ 3. Recettes non prévues au budget primitif (les énumérer)									
Totaux des § 2 & 3									
Budget extraordin.									
§ 4. Restes à recouvrer sur l'exercice 1894									
§ 5. Recettes non prévues au budget (les énumérer)									
Totaux des § 4 & 5									
Budget ordinaire									
§ 6 Recettes en vertu d'autorisations spéciales (les énumérer)									
Budget extraord.									
§ 7 Recettes en vertu d'au torisations spéciales									
Total du ch. III									
Récapitulation									
Ch. I. Budget ordinaire									
Ch. II Budget extraord.									
Ch. III Chap. addl.									
Total des Recettes.									

Gestion 1895 (2ᵉ partie)

Dépenses du Budget de 1895 effectuées
du 1ᵉʳ Janvier au 31 décembre 1895

Fait dépense le comptable de la somme de　(en toutes lettres) montant
des paiements qu'il a effectués pendant l'année 1895, en acquit des Mandats délivrés, soit sur les crédits ouverts dans le Budget de l'exercice 1895, soit sur
les restes à payer reportés de l'exercice 1895 sur l'exercice 1895, soit sur
les crédits supplémentaires régulièrement ouverts, ci . . . . fr . . . . |

Gestion 1895 (1ᵉʳ partie)

Dépenses du Budget de 1895 effectuées
du 1ᵉʳ Janvier au 18 Mars 1896

Fait dépense le comptable de la somme de . . .
(en toutes lettres) . . montant des paiements qu'il
a effectués sur les mêmes services, du 1ᵉʳ Janvier au
18 Mars 1896, ci . . . . fr . . |

1ᵉʳ d'ordre (Série unique)	Nᵒˢ des articles du Budget	Désignation des Chapitres et Articles.	Crédits ouverts par le Budget primitif supplémentaire et les autorisations spéc.	Gestion 1895 Paiements effectués pendant les premiers mois de l'exerce 1895	Gestion 1895 Paiements effectués pendant les deux mois & demi compl. de l'exerce 1896	Totaux des paiements de l'exercice 1895	Restes à payer au 18 Mars 1896 à reporter à l'exercice 1896	Crédits annulés faute d'emploi	Observations
1	2	3.	4.	5.	6.	7.	8.	9.	10.
		Ch. I Budget ordinaire (En énumérer les art.)							
		Total du ch. I.							
		Ch. I Budget extraordin (En énumérer les arts.)							
		Total du ch. II.							

Ch. III. Dépenses supplémentaires.
(Ch. add¹)

Budget ordinaire

§ 1. Dettes à payer à la clôture de
l'exercice 189

§ 2. Dépenses non prévues au
budget primitif
(les énumérer)

Totaux des § 1. 2.

Budget extraordinaire.

§ 3. Restes à payer à la clôture
de l'exercice 189

§ 4. Dépenses non prévues au
budget primitif
(les énumérer)

Totaux de § 3. 4.

Budget ordinaire.

§ 5. Autorisations spéciales
(les énumérer)

Budget extraordinaire

§ 6. Autorisations spéciales.
(les énumérer)

Total du Ch. III.

Récapitulation

Ch. I. Budget ordinaire
— II. — extraordinaire
— III. Chap. additionnels.

Total des Dépenses.

Gestion 1895.

Opérations relatives aux Services hors Budget,

effectuées du 1er Janvier au 31 décembre 1895

~Recettes~

Fait recette le Comptable de la somme de (En lettres) . . . montant des recouvrements effectués par lui, pendant l'année 1895 pour les services exécutés en dehors des Budgets ci-après:

N° d'Ordre (Série unique)	N° des Services 2	Désignation des Services. 3	Restes à recouvrer au 31 déc. 1894 4	Montant des titres de perception émis en 1895 5	Total à recouvrer 6	Recouvre¹ effectués 7	Restes à recouvrer au 31 déc. 1895 8	Observations 9
	1.	Part revenant au clergé et aux œuvres de l'Église dans les droits perçus sur les services religieux						
		Dépôts de garantie et caution nements pour adjudications et marchés						
		Totaux . .						

Dépenses.

Fait dépense le Comptable de la somme de ... (En lettres) ... montant des paiements effectués par ... au pendant l'année 1896, pour les services exécutés en dehors des budgets, ci ... fr. ...

N°s d'ordre (série annuelle) 1	N°s des services 2	Désignation des Services 3	Paiements effectués 4	Comparaison des Recettes et des Dépenses				Excédent de Recettes au 31 déc. 1896 8	Observations 9
				Rappel de Recettes					
				Excédent des Recettes au 31 déc. 1895 5	Recouvrements effectués (col. 7 du cadre ci-ann.) 6	Total des Recettes 7			
1)		Frais revenant au clergé et aux serviteurs de l'Église dans les droits perçus sur les services religieux.							
		Totaux							

Situation du Trésorier au 31 déc 1895.

	Services		Totaux
	budgétaires	hors budget	

Les Recettes effectuées pendant la gestion 1895, s'élèvent, savoir.

Sur l'exercice 1894, suivant le rappel fait en tête du présent compte à ...

1895, suivant les détails ci-dessous à

Sur les services hors budget, à

Les dépenses acquittées pendant la gestion 1895, s'élèvent savoir.

Sur l'exercice 1894, suivant le rappel fait en tête du présent compte, a.

1895, suivant les détails ci-dessous à

Sur les services hors budget, à

Excédent { de la recette sur la dépense
{ de la dépense sur la recette

D'après la situation au 31 déc 1894, au 1er art de ce compte, le comptable a nouveau débiteur de

Il en résulte que le comptable était au 31 déc 1895, débiteur

pour les services compris dans les Budgets de

hors Budget, de

Le Comptable devant donc représenter dans sa caisse une somme de fr. (En lettres)

Cette somme a été en effet représentée à la même époque du 31 déc 1895, ainsi que le constate le procès-verbal rapporté à l'appui du présent compte, par les valeurs ci après, savoir

Situation et { Numéraire en caisse
Solde de Caisse au { Fonds placés au Trésor
31 déc 1895 { Fonds remis sur Mandats d'avance au Trésorier-marguillier.

Somme égale

Cet excédent de recettes au 31 déc. 1895, sera reporté en tête du compte de la gestion 1896 (2e partie) pour servir à l'établissement de la situation du comptable au 31 déc 1896.

Résultat final de l'Exercice 1895, clos le 15 Mars 1896.

Les Recettes effectuées du 1 au 15 Mars 1896, sur l'exercice 1896, s'élèvent à

Les Dépenses   id.

Ces opérations seront rapportées en tête du compte de la gestion 1896, pour servir à l'établissement de la situation du comptable au 31 déc 1896.

Rappel des opérations effectuées en 1895 { Recettes
{ Dépenses

Totaux des opérations de l'exercice 1895

Excédent de { Recettes } de
{ Dépenses }

Le résultat définitif de l'exercice 1894, porté pour mémoire au compte ci-dessus présente un excédent de { Rec.
{ Dép } de

_____ id. _____ 189 , égal à celui du compte d'administration du même exercice est en excédent de { Rec
{ Dép } de

Le Comptable soussigné affirme véritables les présents comptes, comprenant, pour la gestion 1895 1° le rappel des opérations complémentaires de l'exercice 1894, 2° les recettes et les dépenses des douze premiers mois de l'année 1895, 3° les recettes et les dépenses des services hors budget, et, pour la gestion 1896, les opérations complémentaires de l'ex 1895.

Ces comptes seront présentés au Conseil de Fabrique dans la session de quasimodo 1896 et transmis à la Cour des Comptes ou au Conseil de Préfecture avant le 1 juillet 1896.

Le Comptable affirme en outre, que les recettes et les dépenses portées dans ces comptes sont, sans exception, toutes celles qui ont été faites pour le service de la Fabrique, et qu'il n'en existe aucune autre à sa connaissance.

Vu et approuvé le présent compte, par nous, Membres
du Conseil de Fabrique soussignés.

le   189
Le Comptable,

le   189
Signature des Membres du Conseil de Fabrique)

La seconde récapitulation présente le Résultat final de l'exercice 1894, clos au 15 Mars 1895. Ce résultat doit être exactement conforme à celui du compte administratif dressé et présenté par le Président du Bureau. Il se solde par un excédent de recette ou de dépense.

En jetant un regard sur ces deux récapitulations, le juge des comptes connaît immédiatement la vraie situation de la fabrique au point de vue financier. Un déficit dans la situation de Caisse révèle des irrégularités dans la gestion du comptable; un déficit à la fin de l'exercice révèle que les recettes fabriciennes sont en diminution, et qu'il y aura probablement lieu de faire des économies dans le budget futur.

Mais pour bien comprendre le second tableau récapitulatif, il importe de remarquer qu'il comporte deux parties très distinctes. La première présente seulement les opérations propres à l'exercice dont il est compté, sans s'occuper des reliquats en recette ou en dépense provenant des exercices antérieurs. Elle a pour but de faire connaître la marche normale des finances fabriciennes avec les ressources propres à l'année écoulée.

Mais il peut arriver qu'un excédent de recettes provenant de l'exercice antérieur ait amélioré la situation de la fabrique, et vice versâ, s'il restait des dettes à payer sur l'exercice antérieur, les finances fabriciennes ont été par le fait grevées d'une charge anormale.

Dans ces deux cas, le résultat de l'exercice antérieur a modifié la situation financière sur l'exercice qui le suivait. On ne peut donc connaître le résultat définitif de l'exercice dont on établit le compte que si l'on ajoute aux opérations propres à cet exercice l'excédent de recettes ou de dépenses légué par l'exercice antérieur.

C'est ce que fait le tableau récapitulatif dans sa seconde partie.

210. _____ L'organisation du compte de Gestion une fois comprise, on voit facilement quels sont les actes imposés au Comptable pour l'établir.

Tout d'abord il doit faire constater par un procès-verbal du Bureau des Marguilliers, la situation au 31 décembre, des valeurs qu'il possède en caisse et en porte-feuille. Lorsque la gestion des deniers fabriciens est confiée au percepteur, ce procès-verbal est dressé par le receveur des finances de l'arrondissement.

Ensuite il réunit tous les documents capables de l'éclairer, tant sur la gestion accomplie que sur l'exécution des budgets. Les principaux sont, outre les budgets et les autorisations spéciales, le Journal à Souche pour les recettes, le Livre de Caisse pour les dépenses, et pour les uns et les autres, le Livre de Détail, où, comme on l'a vu, les opérations effectuées sont déjà classées selon l'ordre des articles du compte à dresser.

Il doit avoir aussi sous la main toutes les pièces justificatives.

Le tableau suivant, annexé à l'instruction ministérielle du 15 décembre 1893, indique quelles sont ces pièces.

Justifications à produire

par les Comptables des fabriques à l'appui des comptes de gestion

Observations générales — 1° Les pièces qui doivent être établies sur papier timbré sont indiquées par l'initiale T;

2° En cas de décès du titulaire d'une créance, la somme due est payée aux héritiers sur la production soit d'un acte de propriété, soit des pièces d'hérédité, d'après les règles du droit commun. Pour les sommes de 50 fr. et au-dessous, il suffit d'un certificat du Maire, chacun ayant droit peut toucher séparément la somme qui lui revient;

3° Les ratures et surcharges sur les pièces justificatives doivent être approuvées et exigent toujours une seconde signature;

4° L'usage des griffes pour les signatures est interdit;

5° Les pièces produites pour justifier des dépenses doivent toujours indiquer la date précise, soit de l'exécution des services ou des travaux, soit de la livraison des fournitures;

6° Les quittances ne doivent contenir ni restrictions, ni réserves;

7° Les opérations non prévues dans la nomenclature doivent être justifiées d'après les mêmes règles que celles avec lesquelles elles ont le plus d'analogie.

Recettes.

N° d'ordre	Nature des Recettes	Désignation des Justifications à produire.
		1° Opérations budgétaires
1	Produit des biens immeubles affermés	Copie ou extrait des baux pour les prix de baux dont il est compté pour la 1re fois, et des baux renouvelés dans l'année
2	Rentes sur particuliers	Copie ou extrait des baux dont il est compté pour la 1re fois
3.	Rentes sur l'État	Certificat du président du Bureau en indiquant la date et le montant des inscriptions nouvelles.
	L'état des propriétés, créances et rentes (m.o. n° 12) est ensuite produit à l'appui des recettes qui sont désignées sous les n° 1.2 et 3.	
4	Produit de la location des bancs et chaises	Si ce produit est mis en ferme au profit d'un entrepreneur, copie du procès verbal d'adjudication et extrait du cahier des charges. Si ce produit est perçu en régie, état de produits établi par le régisseur et certifié par le Président du Bureau. Si les bancs et chaises sont loués à l'année à des particuliers, copie de la délibération qui a approuvé ces locations, faisant connaître le montant des sommes à encaisser;
5	Produit de la concession des bancs placés dans l'église	Copie de l'acte de concession
6.	Produit des quêtes faites pour les frais du culte	Si le produit des quêtes est versé dans un tronc, procès-verbal des levées de tronc dressé par le bureau des marguilliers. S'il n'en est pas ainsi, états constatant, après chaque quête, la reconnaissance des sommes revêtue de la signature des quêteurs et certifiées sincères et véritables par le président du Bureau

1er ordre	Nature des Services	Désignation des justifications à produire
7	Produit des troncs placés dans l'Église pour les frais du culte	Procès verbaux des levées de troncs dressés par le bureau des marguilliers.
8	Oblations volontaires	États certifiés par le président du Bureau.
9	Part revenant à la fabrique dans les droits perçus pour les services religieux	États (modèle n° 8) dressés par le Curé et arrêtés par le président du Bureau, les états doivent être accompagnés d'une récapitulation. Tarif d'oblations du diocèse ou référence au tarif fourni par l'administration
10	Produit des frais d'inhumation.	Quand il existe un syndicat pour le service des pompes funèbres, copie certifiée par le président du Bureau du décompte faisant connaître la part revenant à la fabrique. Dans le cas contraire, état des produits certifié conforme par le président du Bureau
11	Produit de la cire revenant à la fabrique.	État présentant les quantités avec leur évaluation en argent, certifié par le Prés. du Bur.
12	Intérêts de fonds placés au Trésor	Copie arrêtée par le prés. du Bureau du décompte annuel d'intérêts établis par la recette des finances
13	Vente d'objets mobiliers.	Délibération du Conseil de fabrique approuvée par l'Évêque constatant qu'il ne s'agit pas d'objets d'art mais seulement de vieux objets hors d'usage. Dans le cas contraire, ampliation du décret autorisant la vente. Copie ou extrait du procès-verbal d'adjudication ou, s'il n'y a pas eu d'adjudication, certificat du président constatant les conditions de la vente
14	Vente d'immeubles.	Ampliation du décret qui a autorisé la vente. Copie ou extrait des procès-verbaux d'adjudication ou de l'acte qui a déterminé le prix ou les conditions des ventes. Si le prix est productif d'intérêts, récompte de la recette en capital et intérêts
15	Vente de Rentes	Ampliation du décret autorisant la vente, et bordereau de l'agent de change.
16	Legs & Donations	Ampliation des décrets ou arrêtés préfectoraux qui en ont autorisé l'acceptation. Quand le legs ne consiste pas en une somme fixe, extrait des inventaires et partages ou autres actes établissant les droits de la Fab.
17	Remboursement de Capitaux	Ampliation de l'arrêté préfectoral ou du décret autorisant le remboursement.
18	Subvention de la Commune	Copie de la délibération du Conseil mun. ou de l'acte (décret ou arrêté) qui a inscrit d'office la subvention

2 Services hors Budget.

19	Part revenant au clergé et aux serviteurs de l'Église sur les droits perçus sur les services religieux	Références aux justifications remises à l'appui de la recette inscrite sous le n° 9
20	Dépôts de garantie et cautionnements pour adjudications et marchés.	Relevé, certifié par le Trés. du Bureau, des dépôts et cautionnements qui ont dû être reçus.

Dépenses.

N° d'ordre	Nature des Dépenses	Désignation des justifications à produire
		1° Opérations budgétaires
1.	Objets de consommation pour les frais ordinaires du culte. Frais d'entretien du mobilier. Achats de mobilier de toute nature.	Quittance explicative (timbrée à 0,10) du fournisseur. Factures ou mémoires (T) s'il y a lieu. Lorsqu'il y a eu adjudication ou marché, copie ou extrait de leur procès-verbal.
2.	Traitement des Vicaires régulièrement institués. Honoraires des prédicateurs. Traitements et gages des employés et serviteurs de l'Église. Gratifications diverses.	Quittance des parties prenantes sur le Mandat ou état émargé. Le mandat ou état émargé fait connaître, s'il y a lieu, le montant des traitements et gages par année, par trimestre ou par mois.
3.	Dépense d'entretien des immeubles	Soumission de l'entrepreneur (T) acceptée par le Bureau s'il y a lieu. Certificat de réception des travaux (T). Mémoire des réparations exécutées en régie (T), ou quittance explicative timbrée à 0,10.
4	Loyer du presbytère.	Quittance du propriétaire. Copie certifiée du bail enregistré.
5	Charges de fondations	État émargé des parties prenantes, ou, lorsqu'il n'est pas possible de produire le dit état, certificat du président du Bureau, constatant l'exécution des charges
6	Charge des Biens	Pour les impôts, avertissement ou extrait de rôle, quittance à souche du percepteur. Pour les assurances, quittance de l'assureur.
7	Rentes viagères	Certificat de vie de l'ayant droit (T)
8.	Traitement du Comptable	Décompte des remises établi par le comptable, certifié exact par le receveur des finances dans le cas où le comptable est un percepteur, par le prés. du Bur., si le comptable est un receveur spécial
9	Sixième (au moins) du produit net des Biens et charges pour la Caisse de Secours	Décompte de la somme revenant à la caisse de secours approuvé par le Prés. du Bur. Quittance du Trésorier de la Caisse des Secours
10	Annuités d'emprunts régulièrement autorisés.	Quittance des parties prenantes ou états émargés.
11.	Placements de capitaux en rentes sur l'État	Copie du décret ou de l'arrêté qui a autorisé l'achat. Bordereau de l'agent de change.

N° d'ordre	Nature des Dépenses	Désignation des Justifications à produire.
12	Grosses réparations et constructions.	A l'appui du 1er compte, décision approbative des travaux, extrait ou ampl du procès-verbal d'adjudication, justification, s'il y a lieu, de la réalisation du cautionnement, certificat de l'architecte ou du surveillant des travaux, visé par le Présid. du Bureau, constatant l'avancement des travaux et le montant de la somme à payer(T) et extrait du cahier des charges indiquant le montant du cautionnement et les conditions du paiement. Pour les acomptes subséquents, certificat de l'architecte visé par le Présid. du Bureau, rappelant les acomptes payés antérieurement et la nouvelle somme à payer (T) Pour le paiement du solde des travaux, expédition(T) du procès-verbal d'adjudication, décompte général et procès-verbaux de réception définitive(T); cahier des charges et devis estimatifs ou série de prix (T). Dans le cas d'adjudication à prix ferme, le procès-verbal de réception seulement (T). Lorsque après le procès-verbal de réception définitive, les paiements doivent être faits en plusieurs années, décompte de la dépense. S'il n'y a pas eu d'adjudication, autorisation du préfet, marché de gré à gré, mémoires réglés et visé(T) ou quittances explicatives (t. o, 10) <center>2. Services hors Budget.</center>
13	Part revenant au clergé et aux serviteurs de l'Église dans les droits perçus sur les services religieux.	Quittance des parties prenantes ou état émargé.
14	Remboursement et emploi en cautionnement des dépôts de garantie pour adjudications & marchés.	Pour les dépôts constitués, certificat du Présid. de l'adjudication constatant que les parties n'ont pas été déclarées adjudicataires. Décharge au verso de la quittance à souche délivrée par le comptable lors du dépôt. Pour les dépôts en numéraire, convertis en cautionnements définitifs, déclaration du préposé de la caisse des dépôts et consignations constatant le versement du cautionnement à sa Présid.

211. ——————— Au moyen de tous ces documents et de concert avec le Président du bureau, le Comptable procède, dès le 16 Mars, à l'établissement de son compte de la manière suivante.

Après le rappel de la situation de Caisse au 31 déc. 1893, et des opérations complémentaires de l'Exercice 1893, effectuées du 1er Janvier au 15 Mars 1894, il établit les chiffres de recettes ou de dépenses pour chaque article du Budget, et les distribue dans les colonnes 4 5 6 7 8 et 9, selon ce qui a été expliqué plus haut (n° 207).

Tous les articles d'opérations effectuées, recettes, dépenses ou services hors budget, sont classés dans une série ininterrompue de numéros, de laquelle sont exclus tous les articles du compte restés vides d'opérations. Dès lors donc que les chiffres correspondant au 1er article ont été arrêtés et inscrits dans leurs colonnes, on porte dans la 1re colonne, le n° 1 en regard dudit article, et on reproduit le même numéro sur toutes les pièces justificatives qui s'y rapportent. De même pour le 2me article de recettes effectives, et ainsi de suite jusqu'au dernier article de la dépense des services hors budget. Ces numéros servent de repère au juge des Comptes, et lui permettent de contrôler promptement l'exactitude des chiffres accusés par le Comptable.

Quand tous les chiffres ont été arrêtés dans le détail, et inscrits à leurs colonnes propres, il ne reste plus qu'à faire les totaux, et à établir séparément, en deux récapitulations, la situation de Caisse à la fin de l'année écoulée, et le résultat de l'Exercice au 15 Mars. Il n'y a pour cela qu'à suivre les indications du modèle officiel.

Il est utile toutefois de remarquer que les excédents qui proviennent de l'exercice antérieur ne sont pas totalisés avec les autres chiffres des chapitres additionnels. Ils ne sont portés dans le compte que pour mémoire, et ils ne viennent en total que pour l'établissement du résultat définitif de l'exercice, c.à d à la fin du dernier tableau récapitulatif.

§ 3 _ Réglement des Comptes.

211. _____ Dès que le Compte de Gestion est établi, le Comptable le remet au Président du Bureau. Celui-ci, muni d'ailleurs du compte d'exercice, prépare le procès-verbal du réglement définitif à soumettre, avec toutes les pièces justificatives, à la délibération du Conseil de fabrique dans sa session de Quasimodo.[1]

Cette délibération se fait avant le vote du budget, de la manière suivante, en commençant par le Compte de l'Ordonnateur.

212. _____ En ce qui concerne les recettes, le Conseil examine en détail tous les chiffres qui lui sont proposés par le Président du Bureau, avec leurs justifications, les discute s'il y a lieu, arrête le montant des droits constatés au profit de la Fabrique, apprécie les motifs de non-recouvrement, admet en non-valeurs les sommes non recouvrées, ou en prescrit le report à l'exercice suivant. Les sommes admises en non-valeurs et les sommes reportées à l'exercice suivant sont déduites des droits constatés,

---

(1) Du 27 Mars 1893. Art. 25.

ce qui fait ressortir le montant des produits réels de l'exercice [1]

214. _____ En ce qui concerne les Dé-
penses, le Conseil de fabrique examine et discute tout
en détail Il rapproche les paiements des crédits alloués,
fixe les excédents de crédit, et en prononce l'annulation

Les crédits ou portions de crédits applicables à des
services faits dans le courant de la première année
de l'exercice, mais non soldés le 15 Mars suivant,
sont reportés de plein droit au Budget de l'exercice
courant, et constituent le 1er article du Budget supplémentaire qui doit être voté en cette même session de
Quasimodo.

Les crédits ou portions de crédits relatifs à des dépenses non entreprises pendant la 1re année de l'exercice ne sont reportés au Budget de l'exercice suivant
que si le Conseil de fabrique le propose et si l'Évêque l'approuve de nouveau.

Les restes à payer qui n'ont pas été constatés
à la fin de l'exercice, et dont les crédits n'ont
pas été reportés au Budget de l'exercice courant, ne
peuvent plus être acquittés qu'au moyen de crédits ouverts
par des autorisations spéciales.

215. _____ Après avoir arrêté le
chiffre total des recettes et des dépenses de l'exercice clos,
le Conseil de fabrique détermine l'excédent définitif
de recettes, ou constate, s'il y a lieu, l'excédent de
dépenses.

Il procède ensuite au vote sur ce résultat, soit
au scrutin secret, soit au scrutin public pendant

---

[1] Ord. min. 15 Déc 1893. art 56

le vote, l'ordonnateur se retire de l'assemblée, et n'y rentre que pour entendre proclamer l'approbation ou le rejet de son compte.

Le vote émis par le Conseil ne constitue pas un jugement définitif et irréformable : c'est à l'Évêque qu'il appartient de donner au compte administratif l'approbation suprême, de même que c'est à lui seul d'homologuer le budget.

216. ——————————. Le Conseil de fabrique examine ensuite le compte de gestion, et le discute, avec ses justifications, comme il a fait pour le compte d'administration

Il vérifie, en particulier, le caractère des dépenses effectuées et la valeur réelle des pièces qui les justifient; signale celles qui ne sont correctes qu'en apparence, ou cachent des virements ou détournements ; admet les non-valeurs sérieusement justifiées, et rejette les autres.

Enfin il compare les deux comptes d'Administration et de Gestion constate leur parfaite concordance, et procède au vote sur le compte du comptable. Celui-ci se retire pendant le scrutin

On peut aussi avantageusement discuter dans un examen simultané les deux comptes, et les régler par un scrutin unique pendant lequel l'ordonnateur et le Comptable se retirent de l'assemblée. [1]

217. ——————————. Le résultat de l'exercice et du vote est consigné dans une délibération dont le modèle est rapporté ci-contre

---

[1] D. 27 Mars 1893 art 25.

Délibération

Diocèse
d

Département
d.

Fabrique
d.

du Conseil de Fabrique, pour le réglement

des

Recettes et Dépenses

de l'Exercice 19.

L'an dix neuf cent . , le — les membres composant
le conseil de Fabrique de   , se sont réunis
au lieu ordinaire de leur séance.
Étaient présents : M. M.

Oui le rapport de M. le Président du Bureau des Marguilliers ;
Vu les lois, décrets et ordonnances et les instructions ministérielles sur la Comptabilité des Fabriques

Le Conseil, après s'être fait représenter le budget de l'Ex. 19.
et les autorisations supplémentaires qui s'y rattachent, les titres dé-
nitifs des créances à recouvrer, le détail des dépenses effectuées et celui
des Mandats délivrés par M. l'Ordonnateur, le compte d'administration
de l'Ex. 19. accompagné du Compte de gestion du Comptable,

Procédant au réglement définitif du budget de 19.., propose de
fixer ainsi qu'il suit les Recettes et les Dépenses dudit Exercice, savoir :

Recettes

Les recettes tant ordinaires qu'extraordinaires de l'Ex. 19.
évaluées par le Budget à ...   ont du s'élever
d'après les titres définitifs des créances à recouvrer,
à la somme de
. De laquelle somme il convient de déduire
Savoir

Pour non - valeurs justifiées au Compte du Compt..
Pour restes à recouvrer qui seront portés en
recettes au prochain compte
Somme Égale
Au moyen de quoi la recette de 19. demeure
définitivement fixée à la somme   de   .

Dépenses

Les dépenses créditées au Budget de 19. s'élèvent à . . .

Il faut y joindre celles qui ont été l'objet de crédits sup-
pléimentaires dans le cours de l'Exercice.

Total des dépenses présumées

De cette somme il faut déduire celle de . . .

Savoir

1° Crédits ou portions de crédit restés sans emploi comme
excédant le montant réel des dépenses , ci . . .

2°) Dépenses faites, mais non ordonnancées avant le
1° Mars 19 . et à reporter aux budgets suivants . . .

3°) Dépenses ordonnancées, mais non payées avant
le 15 Mars 19 .. et à reporter au budget de 19 . . .

Somme égale . . .

Au moyen des déductions ci-dessus, les dépenses de l'Ex.
19 . sont définitivement fixées à . . . .

Les Recettes de toute nature étant de

Les Dépenses de . . .

L'excédent (de Recettes ou Dépenses) est de . .

Le résultat définitif de l'Ex précédent étant de . . .

(excédent de recettes ou dépenses)

Le résultat définitif de l'exer. 19 . est par con .

séquent un excédent (recettes ou dépenses) de . .

laquelle somme sera portée au chap. additionnel du budg. 19 .

Toutes les opérations de l'ex. 19 .. sont déclarées
définitivement closes et les crédits annulés

Délibéré à les jour, mois et An ci-dessus

Et ont signé au Registre les membres prés.

Vu et Approuvé

Pour ampliation,

L' { Archevêque
Evêque

Le Président du Conseil de Fabre.

219. _____ Mais le jugement des comptes fait par le Conseil de fabrique n'est pas définitif. Le compte de l'ordonnateur doit être jugé par l'évêque, celui du comptable par le Conseil de préfecture, si les revenus ordinaires de la fabrique n'excèdent pas 30000 fr., et par la Cour des comptes dans le cas contraire. Il y a changement de juridiction lorsque les revenus ordinaires sont restés, pendant trois exercices consécutifs, supérieurs ou inférieurs au chiffre de 30.000 fr. qu'ils n'atteignaient pas ou qu'ils dépassaient auparavant. Quand le Conseil de Préfecture cesse d'être compétent, il appartient au Préfet d'en saisir la Cour des Comptes (¹).

En conséquence les deux Comptes sont établis chacun en quatre expéditions distinctes.

La 1ʳᵉ au Conseil de Fabrique qui la dépose dans les archives

La 2ᵉ à l'évêque qui juge le Compte de l'ordonnateur, et le compare avec le compte de gestion.

La 3ᵉ à la Mairie car la Commune est intéressée à connaître l'emploi qui a été fait des deniers fabriciens. Elle donne son avis sur le compte, si elle le juge bon ; elle peut se faire représenter les pièces justificatives, mais sans déplacer.

La 4ᵉ enfin à l'autorité chargée de juger le compte du Comptable. Son jugement porte uniquement sur le compte de gestion, mais on sait qu'il est impossible d'apprécier sainement ce compte, si on ne le compare avec le compte d'administration.

Toutes ces expéditions sont données sur papier libre et signées par les membres du Conseil présents à l'as-

(¹) – Inst. min. 15 Xᵇʳᵉ 1893. Art. 120.

-semblée [1]. Si le Comptable en demande une copie pour sa décharge, elle est établie sur papier timbré

220. _____ Le Compte de l'Ordonnateur est envoyé à l'Évêque pour être soumis à sa décision su prême Il est accompagné du compte de gestion

Doit-il aussi être accompagné d'une copie des pièces justificatives ? Rien, dans la législation actuelle, n'impose cette obligation au Bureau et à son Président, mais il est évident qu'on ne pourrait la refuser à l'Évêque s'il l'exigeait, et bien moins encore lui refuser communication sur place de tous les documents de comptabilité.

D'ailleurs, aux termes du décret de 1809, l'Évêque peut toujours se faire représenter par son délégué à la reddition du compte annuel au Conseil de fabrique [2].

En cas, de refus de présentation de son compte, ou d'irrégularités commises dans son administration, le Président est personnellement responsable devant le Conseil et l'Évêque qui peuvent prendre ou provoquer des mesures de blâme contre lui, et même la révocation.

S'il avait dépassé, dans l'émission des mandats, la limite des crédits ouverts, il pourrait être rendu pécuniairement responsable du surplus. Mais il convient de rappeler que la gratuité de ses fonctions est un titre à l'indulgence du juge, surtout quand les dépenses, quoique exagérées, ont été faites au profit de la fabrique.

221 _____ Le compte du comptable est envoyé à l'autorité chargée de le juger. Il est accompagné de toutes les pièces suivantes :

---

[1] — Ins. min. 15 Xb 1893. art. 34 et 38

[2]   . Ibid.   art. 37.

1° Expédition certifiée conforme du budget primitif et, s'il y a lieu, du budget supplémentaire et des autorisations spéciales ;

2° Copie certifiée du compte de l'ordonnateur ;

3° État des propriétés, rentes et créances de la fabrique. L'instruction du 15 décembre en donne le modèle officiel que nous reproduisons ci-contre ;

4° Procès-verbal de la situation de caisse établi le 31 déc, à la fin de la gestion annuelle.

5° Certificat du Président constatant la prestation de serment, si le comptable est trésorier marguillier ou receveur spécial ;

6° Certificat du Président constatant que le cautionnement a été réalisé, dans le cas où le Comptable y est assujetti. — Ces deux dernières pièces ne sont produites que dans le cas où un comptable nouveau présente son 1er compte

7° Toutes les pièces justificatives rapportées dans la nomenclature officielle du n° 211 Ces pièces sont fournies dans les originaux et non en copies. Elles sont conservées aux archives de la Préfecture, pendant dix années, c.-à-d. jusqu'à ce que soit écoulé le délai de prescription en matière de revendication contre la gestion du Comptable. Après ce temps, elles sont détruites par les soins de l'autorité préfectorale.

8° Enfin un bordereau récapitulatif de toutes les pièces générales ou spéciales, produites à l'appui du compte Le tout doit être remis au greffe de la Cour des Comptes ou du Conseil de Préfecture, avant le 1er juillet de l'année qui suit celle pour laquelle le compte est rendu (1)

---

(1) Ibid. art 38 et 39.

Ce N° devant se continuer dans autre registre

N° d'Ordre du Compte de Gestion	Propriétés Foncières								Affermage des maisons et biens ruraux					Comparaison avec le produit de l'exercice précédent		Montant des charges résultant des Titres
	Nature des Immeubles	Contenance de chaque Ver	Situation des Immeubles	Valeur de Pacte ou libre de Propriété	Valeur	Contenance d'exploitation	Genre d'Usage	Noms des Fermiers et Locataires	Date des Baux	Durée des Baux	Époque d'échéance de chaque année	Redevances des Fermiers	Prix principal des Baux	Produit des baux pour l'exercice précédent	Explication des Différences	
1	3	4	5	6	7	8	9	10	11	12	13	14	15	16	17

Rentes sur particuliers et Créances diverses.

| Nature des Rentes et Créances | Dates des reconnaissances de Rentes et des Contrats de ... | Noms des Débiteurs | Domicile des Débiteurs | Nombre des inscriptions requises pour le renouvellement des Titres | Montant des Rentes ou Créances diverses | Montant du Capital de chaque rente | Époque d'échéance de chaque Chapitre | Époque d'échéance des termes payés aux renvois | Montant des ... aux ... réductions | |

Ces Sommes doivent se continuer sans interruption	N.os d'ordre	N.os des Articles du Compte de gestion	Rentes sur l'État				Comparaison avec les produits de l'exercice précédant		Montant des charges résultant des États
			Numéros des Inscriptions	Dates de la jouissance des Rentes	Montant des Inscriptions	Produit pour l'exerc. courant	Produit de l'exercice précédent	Observations et Explication des Différences.	

Certifié exact

À   le   19.

Le Comptable de la Fabrique

Visé par Nous, Membres du Bureau des Marguilliers

À   , le   19.

---

222 _____ L'objet propre du jugement à rendre par le Conseil de Préfecture ou la Cour des Comptes est la gestion, c'est-à-dire l'ensemble des recouvrements et paiements effectués par le Comptable. Le tribunal doit donc examiner 1° si les chiffres portés au compte sont conformes à ceux des pièces justificatives, 2° si les recettes et dépenses sont légitimes.

c'est-à-dire faites en vertu de vrais titres de perception,
ou justifiés par des pièces en règle. D'ailleurs il ne lui appartient pas de savoir si le Conseil de fabrique a usé de
tous ses droits, négligé de faire recouvrer toutes ses créances,
ou voté des dépenses inutiles. En cette matière, qui est l'administration proprement dite des biens de la fabrique, le
Conseil ne relève que de l'autorité diocésaine.

Le juge des comptes rend successivement deux décisions à propos de chaque compte présentant des points
litigieux.

La 1re, provisoire, est communiquée au comptable,
qui l'accepte et l'exécute, ou la contredit par un mémoire
justificatif.

La 2e, définitive, est rendue après que le comptable a donné ses réponses à la sentence provisoire, ou
après expiration du délai à lui fixé pour formuler sa
décision.

Contre une sentence définitive du juge des Comptes,
il existe trois moyens de recours :

1° La demande en révision. Les comptables peuvent
en user quand ils ont retrouvé des pièces justificatives après
que la décision définitive a été rendue ;

2° L'appel à la Cour des Comptes, quand la décision
a été portée par le Conseil de Préfecture ;

3° Le pourvoi en Cassation devant le Conseil d'État,
contre les arrêts définitifs de la Cour des Comptes. Ce moyen
de recours ne peut être exercé que dans le cas de violation
des formes de la loi. [1]

223. _____. Le jugement du compte
établit si le Comptable est quitte, en avance, ou en débet.

_____

[1] Inst. min. art. 13

Dans les deux premiers cas, le Comptable obtient décharge définitive pour les opérations dont le compte est jugé. Dans le troisième, il est condamné à solder son débet. De plus, ordre peut être donné de prendre inscription d'hypothèque sur ses biens pour la gestion passée et future [1]

S'il arrivait que le trésorier ou receveur spécial fut régulièrement constitué en déficit, ou déclaré en état de faillite ou de liquidation judiciaire, il pourrait être relevé de ses fonctions de comptable par le Conseil de fabrique, ou à défaut, par le Ministre des Cultes.

Notons en passant que celui-ci peut, en outre, le révoquer pour l'une des causes ci-après : 1° Condamnation à une peine afflictive ou infamante ; 2° Condamnation à une peine correctionnelle pour délit prévu par les art. 379 à 408 du Code pénal ; 3° Condamnation à une peine d'emprisonnement, 4° s'il s'agit d'officiers ministériels ou publics, destitution par jugement ou révocation par mesure disciplinaire [2]

224. _____ Quand le Comptable a omis de présenter son compte dans les délais prescrits, et seulement dans ce cas, l'autorité chargée de le juger peut le condamner à une amende de 10 à 100 fr. par chaque mois de retard, s'il est justiciable du Conseil de Préfecture ; et de 50 à 500 fr. également par chaque mois de retard, s'il est justiciable de la Cour des Comptes. L'amende est attribuée à la fabrique que concerne [3]

---

(1) — D. 27 Mars 1893. art 17.
(2) — Id. art 7
(3) — L. 3 Avril 1823 art 159.

le compte en retard.

Toutefois il est laissé au juge la faculté de faire remise partielle ou totale de cette amende.

Si, en cas de condamnation à l'amende, pour retard dans la présentation de leurs comptes, les trésoriers et receveurs spéciaux ne les ont pas produits dans le délai d'un mois à partir de la notification de la décision du juge des comptes, ils sont, de plein droit, relevés de leurs fonctions de Comptables, et remplacés dans les dites fonctions par le percepteur des contributions, auquel le service doit être remis.

De plus, le percepteur appelé dans ces circonstances à remplir les fonctions de comptable ne pourra en être déchargé par le Conseil de fabrique avant le 1er Janvier de la seconde année qui suivra celle au cours de laquelle le trésorier ou receveur spécial devrait présenter son compte. En outre, le percepteur est chargé, sous sa responsabilité, si l'hypothèque légale n'a pas encore été inscrite sur les biens du Comptable auquel il succède, d'en requérir l'inscription [1].

225. ————— Enfin en cas de retard dans la présentation des comptes, il peut être pourvu à leur reddition par l'intervention de commis d'office nommés par le préfet, mais seulement après que le retard a donné lieu à condamnation à l'amende par le juge des comptes [2].

Les arrêts de la Cour des Comptes et les arrêts du Conseil de Préfecture sont notifiés aux Comptables des fabriques qu'aux Présidents des bureaux des

---

[1] L. 18 Juin 1898   art. 1

[2] L. 27 Mars 1893   art. 26.

marguilliers par le greffier en chef de la Cour des Comptes et les secrétaires-greffiers des Conseils de Préfecture au moyen de lettres recommandées dont avis de réception est demandé à la poste (1)

Lors donc que l'amende a été insuffisante pour contraindre le comptable à présenter son Compte, le juge en avertit le Préfet et demande l'institution d'un commis d'office. Celui-ci est chargé de réunir les éléments du compte, et de les dresser de la manière ordinaire. Son travail accompli, il remet tout le dossier, sous sa seule signature, au juge financier, qui statue au profit ou à la charge, non du commis, mais du comptable récalcitrant.

_____

(1) D. 18 Juin 1898. art 1.

CHAPITRE V.

___

Des Actes d'Administration

extraordinaire

___

Nous classons sous ces actes en cinq articles : 1° Les Acquisitions ; 2° Les Aliénations ; 3° Les Baux ; 4° Les Emprunts ; 5° Les Procès.

Article 1er.

___

Des Acquisitions.

___

Il y a pour les Fabriques trois manières d'acquérir les biens immeubles ou les Capitaux : 1° L'Achat ; 2° La Donation entre vifs ; 3° La Donation testamentaire ou legs.

§ 1. Des Achats d'Immeubles.

226. —————— Comme il a déjà été question, nos 58 et 59, des formalités à remplir pour l'achat des rentes sur l'État, il ne nous reste à expliquer ce qui concerne l'achat des immeubles.

. Les Fabriques ne peuvent acquérir des biens immobiliers sans l'autorisation préalable du gouvernement. (1). Cette autorisation n'est accordée que pour des motifs de grande importance, par exemple quand le terrain à acheter est indispensable pour la Construction d'une Église ou d'un Presbytère ; mais elle serait refusée s'il s'agissait simplement de faire un placement avantageux des capitaux de la Fabrique

227 —————— Les formalités à remplir pour obtenir l'autorisation d'acquérir un immeuble sont les suivantes :

1: Délibération du Conseil de Fabrique, indiquant l'origine des fonds à placer, et les raisons qui motivent l'acquisition projetée.

2: À cette délibération doivent être annexées toutes les pièces de nature à éclairer l'autorité supérieure sur la possibilité et les avantages de l'achat, savoir A) Une Copie du Budget (2) ; B) L'État de l'actif et du passif de la Fabrique ; C) Le plan figuré et détaillé des lieux, D) Le Procès-verbal d'estimation de l'immeuble, fait en

---

(1). — Dé. 16 Juill. 1810. — L 2 Janv. 1817.

(2). — Circ. Min. 22 av. 1851

Capital qu'en revenu, dressé par deux experts dont l'un est nommé par la Fabrique et l'autre par le vendeur. D) La Promesse de Vente, signée par le vendeur, rédigée sous seing-privé, mais sur papier timbré.

3° L'avis du Conseil municipal

4° Le Procès-verbal d'enquête de commodo et incommodo, fait par un commissaire au choix du Sous-Préfet. Cette enquête se fait en invitant les habitants de la Paroisse à venir exprimer à la Mairie, un jour donné (ordinairement le Dimanche), leur opinion sur l'achat projeté.

Quand personne ne dit rien, c'est que tout le monde consent.

5° Le Certificat négatif du Conservateur des hypothèques en ce qui concerne l'immeuble à acheter.

6° L'avis du Sous-Préfet;

7° L'avis de l'Évêque;

8° L'avis du Préfet, qui transmet tout le dossier au Ministère des Cultes.

Au vu de ces pièces, le Ministre fait rendre en Conseil d'État le décret d'Autorisation dont ampliation est remise à la Fabrique.

228 _____ L'autorisation obtenue, le Trésorier passe le Contrat devant notaire. Toutefois ce dernier acte n'est pas nécessaire si la Fabrique s'est engagée à acheter l'immeuble au prix fixé, en même temps que le vendeur s'est engagé à le livrer. Car alors il y a eu un véritable Contrat auquel il ne manquait, pour être parfait, que l'autorisation gouvernementale.

Si l'immeuble devait être vendu aux enchères publiques, la Fabrique devrait procéder, comme dans le cas de vente

amiable, et demander, autant que la chose est possible, l'autorisation d'acheter avant le jour des enchères, en fournissant
d'ailleurs les mêmes pièces que ci-dessus, sauf la promesse de vente, qui est remplacée par une copie de l'affiche
annonçant la vente. Si le décret n'était pas rendu assez
tôt, le Trésorier pourrait néanmoins enchérir au nom de
la Fabrique, l'adjudication serait valide, mais avec la
condition suspensive de l'autorisation à obtenir.

      229 _____ Les mêmes formalités sont
aussi à observer quand l'acquisition est poursuivie par
voie d'expropriation pour cause d'utilité publique.
Mais en ce cas, on doit en outre faire rendre un décret
qui autorise l'exécution des travaux pour cause d'utilité publique, un arrêté du Préfet qui détermine les propriétés particulières auxquelles l'expropriation est applicable,
et enfin par le tribunal de l'arrondissement un arrêt
qui prononce l'expropriation. (1)

      Quand il y a lieu d'exproprier un immeuble
pour la construction d'un édifice paroissial, c'est la
commune qui, le plus souvent, y procède elle-même, et
pour son compte propre. La Fabrique alors n'intervient que
pour donner son avis sur le choix de l'emplacement et les
plans et devis du futur bâtiment

      230 _____ Dès que le contrat d'achat
est signé il doit être enregistré dans les délais ordinaires
Le droit proportionnel à payer est de 5,50 pour 100,
plus deux décimes et demi en sus, soit 6,875 pour 100
Il faut noter que si l'immeuble a été exproprié après déclaration d'utilité publique, les plans, procès-verbaux,

_____

(1) - Loi du 3 mai 1841. Toutes les formalités à remplir pour
l'expropriation sont spécifiées dans le texte de cette loi

jugements, contrats, et tous actes faits pour exécuter l'expropriation, sont visés pour timbre et enregistrement gratis, lorsqu'il y a lieu a la formalité de l'enregistrement (1)

On ne doit pas non plus omettre la transcription au bureau des hypothèques. Elle se fait gratis dans le cas d'expropriation, dans les autres cas de vente, le droit à payer est compris dans le prix de 5f, 875, payé pour l'enregistrement, sauf à payer en outre un droit de timbre et le salaire du Conservateur des hypothèques

231 _____ Le paiement du prix d'achat ne se fait qu'après la transcription au Bureau des hypothèques, et au vu du certificat par lequel le Conservateur atteste la non-existence ou la radiation des inscriptions hypothécaires.

S'il existe des inscriptions, le vendeur doit en obtenir main-levée et radiation. En attendant, le trésorier verse le prix de l'immeuble à la caisse des Dépôts et Consignations.

§2. Des donations entre vifs

232 _____ La donation entre vifs est l'acte par lequel une personne se dépouille actuellement et irrévocablement de la propriété ou de l'usufruit d'une chose, à titre gratuit, en faveur d'une autre personne qui l'accepte. (2).

Les conditions générales imposées par le droit pour la validité d'une donation entre vifs sont.

_____

(1) Ibid. art 58.

(2) Cod civil art 894

1: La capacité civile dans le donateur. (1). Les aliénés, les mineurs et les interdits ne peuvent donc faire aucune donation.

2: Le destinataire doit être capable de recevoir. (2). Les fabriques ne peuvent recevoir des libéralités qui seraient destinées à un autre emploi que l'exercice du culte. (3).

3: La libéralité ne doit pas excéder la quotité disponible des biens du donateur (4). Si cette quotité est dépassée, il y a lieu à réduction (5).

4: L'acte doit être passé devant un notaire qui garde la minute dans son étude (6). et en présence de deux témoins. (7).

5: Il faut l'acceptation solennelle du donataire. Si son éloignement l'empêche d'assister à la signature de l'acte de donation, il doit accepter la donation par acte notarié, et rédigé en minute, puis faire notifier par huissier cet acte à son donateur. Alors seulement la donation est irrévocable.

233 ————————— Outre ces conditions générales, la fabrique qui est l'objet d'une libéralité entre vifs doit en remplir une sixième, savoir : obtenir l'autorisation d'accepter la libéralité. Elle la demande au Préfet quand la libéralité, n'excédant pas la valeur de mille francs. ne donne lieu à aucune réclamation, et n'est grevé d'autres charges que l'acquit de fondations pieuses dans l'église paroissiale ; ou encore, s'il y a d'autres charges ou des réclamations, quand sa valeur

---

(1)_ Cod. civil 901 et suiv

(2) _ Ibid. 906 et suiv

(3) _ D 30 déc 1809 art 1

(4) _ Cod civil 913-919

(5) _ Cod civil 920-930.

(6) _ Ibid 931.

(7) _ L 2 Juin 1843 - art 2.

ne dépasse pas 300 f. Dans tout autre cas, il faut une autorisation donnée par décret rendu en Conseil d'État (1).

L'autorisation n'est jamais accordée quand la donation contient des clauses restrictives réputées contraires à la loi ou à l'ordre public. Telles sont la réserve d'usufruit en faveur du donateur, la charge pour la fabrique de transmettre la libéralité à un établissement public futur ; toute condition dont l'exécution dépendrait uniquement de la volonté du donateur ; la clause que les contestations touchant le sens et l'exécution de la libéralité devraient être décidées par voie arbitrale, etc.

234 —————— Les formalités à remplir par la fabrique pour être autorisée à accepter une donation entre vifs, sont les suivantes

1° Délibération motivée du Conseil de fabrique, portant acceptation provisoire de la libéralité, et demande adressée à l'autorité compétente (Préfet ou Chef de l'État) pour obtenir l'arrêté ou le décret d'autorisation d'accepter, avec indication précise de l'emploi projeté du capital

2° Procès-verbal d'estimation de l'immeuble donné, dressé par un ou deux experts au choix du Bureau des Marguilliers Il est sur papier timbré On y annexe un certificat négatif du Conservateur des Hypothèques.

3° Certificat de vie du donateur, sur papier timbré.

4° Une copie du Budget de l'exercice courant

5° État de l'actif et du passif de la fabrique, dressé sur formule réglementaire.

(1) - O.D 2 Avril 1817. art : 2 - D. 15 fév 1862 art : 1 2 3

6°: L'avis de l'évêque diocésain.

7°: En outre, si la donation est à charge de fondation religieuse, on doit fournir toutes les pièces nécessaires pour la régularisation de la fondation, savoir: 1°: Une copie du tableau des fondations déjà établies dans l'église, — 2°: L'état nominatif des prêtres qui la desservent, — 3°: L'approbation donnée par l'Évêque diocésain au projet de fondation.

8°: Enfin, sur l'avis qui lui est donné par le notaire qui a rédigé l'acte, et au vu d'une copie dudit acte établie sur papier libre, le Préfet procède à l'enquête sur la situation de fortune du donateur et de ses héritiers présumés, et requiert le consentement de ceux-ci, dans la forme déterminée par le décret du 1er février 1896. et dont nous rapportons ci-dessous (N° 237) les dispositions essentielles.

Au vu de toutes ces pièces, le Préfet prend un arrêté d'autorisation, quand l'affaire est de sa compétence. Dans le cas contraire, il joint son avis au dossier et transmet le tout au Ministre des Cultes, qui fait rendre le décret en Conseil D'État

235 _____ Quand le Trésorier a reçu ampliation du décret il fait dresser l'acte de donation par un notaire en présence de deux témoins, et le signe avec le donateur.

Il y a lieu à enregistrement dans la quinzaine, et à transcription au Bureau des Hypothèques. Le droit à payer est de 6f sur les meubles, et de 15 à 18f sur les immeubles (1) plus deux décimes et demi, soit 7f,50 et 11f,25 . auxquels il faut ajouter encore quelques menus

---

(1) L. 21 av 1832 . art 33

frais pour timbre-quittance, et pour le salaire du Conservateur des Hypothèques.

§.3 Des Legs

236_____ Le mot legs s'applique à toute libéralité qui ne doit avoir son effet qu'après la mort de celui qui l'a faite.

On en distingue trois sortes : le legs universel, le legs à titre universel, et le legs particulier.

Le legs universel est la disposition testamentaire par laquelle le testateur donne à une ou plusieurs personnes l'universalité des biens qu'il laisse à son décès (1).

Le legs à titre universel est celui par lequel le testateur donne une quote-part des biens dont la loi permet de disposer, telle qu'une moitié, un tiers, ou tous ses immeubles, ou tout son mobilier ou une quotité fixe de tous ses immeubles ou de tout son mobilier. (2)

Le legs particulier est celui par lequel le testateur donne un objet, une somme ou une valeur déterminée.

Les fabriques sont aptes à recevoir, avec l'approbation du Gouvernement, des legs de toute nature, pourvu que la libéralité ait pour objet l'exercice du culte ou une œuvre rentrant dans leurs attributions légales (3).

237_____ Dès qu'une succession est ouverte, tout notaire constitué dépositaire d'un testament

---

(1) - Cod. civ.   1003
(2) - ibid 1010.
(3) - L. 2 Janv 1817 art. 1er

contenant des libéralités en faveur d'une fabrique, est tenu de faire connaître à celle-ci, par l'intermédiaire du Curé, les dispositions faites en sa faveur

Il adresse au Préfet du Département du lieu où s'est faite l'ouverture de la succession, la copie intégrale de ces dispositions, écrite sur papier libre, et un état des héritiers dont l'existence lui aura été révélée, avec leurs nom, prénoms, profession, degré de parenté et adresse Il est délivré récépissé de ces pièces.

Dans la huitaine, le Préfet requiert le maire du lieu de l'ouverture de la succession de lui transmettre dans le plus bref délai, un état contenant les indications relatives aux héritiers connus.

Le Préfet, dès qu'il a reçu ce dernier état, invite les personnes qui lui sont signalées comme héritières, soit par le Notaire, soit par le Maire, à prendre connaissance du testament, à donner leur consentement à son exécution, ou à produire leurs moyens d'opposition le tout dans un délai d'un mois.

Ces diverses communications sont faites par voie administrative : il en est accusé réception.

Dans ce même délai de huitaine, une invitation pareille est adressée par les soins du Préfet à tous les héritiers inconnus, au moyen d'un avis inséré dans le Recueil des Actes administratifs du Département, et d'une affiche qui reste apposée pendant trois semaines consécutives, à la porte de la Mairie du lieu d'ouverture de la succession Cette affiche contient, en outre, l'extrait des dispositions faites en faveur de l'établissement légataire Le maire fait parvenir au Préfet constatant l'accomplissement de cette formalité

Les héritiers ne sont recevables à présenter leurs réclamations que dans le délai de trois mois, à partir de l'accomplissement de la publication de l'avis au Journal et par voie d'affiche.

Les réclamations sont adressées au Préfet du lieu de l'ouverture de la succession.

À l'expiration de ce délai, il est statué sur l'acceptation ou le refus de la libéralité par l'autorité compétente.

Si un même testament contient des libéralités distinctes, faites à des établissements différents, et ne relevant pas de la même autorité administrative, chaque autorité se prononce séparément, lorsqu'il ne s'est produit aucune réclamation dans le délai ci-dessus imparti. Lorsqu'au contraire une réclamation s'est produite, le pouvoir de statuer appartient à l'autorité la plus élevée (1)

238 ——————— Les pièces à fournir, en outre, sont les suivantes:

1° Délibération motivée du conseil de fabrique, tendant à obtenir l'autorisation d'accepter le legs, de le vendre s'il consiste en un immeuble, et d'employer l'argent, soit à la célébration des messes et services religieux dont est grevée la libéralité, soit à acheter une rente sur l'État.

2° Acceptation provisoire du trésorier, sur timbre, et extrait du testament sur timbre.

3° Budget de l'exercice courant, et état de la situation financière (actif et passif) de la Fabrique dûment signé et certifié par le comptable, le Président du Bureau et le Préfet du Département.

4° Expédition notariée sur papier libre de tout le testament, afin de faire connaître plus exactement les circonstances de la libéralité et l'ensemble des dispositions du testateur. (2) Cette copie n'est fournie que sur demande

_____

1) Décret du 1er Fév. 1896, art. 23 et 4 — (2) Id. art 5

expresse du conseil d'État.

5° L'acte de décès du testateur, délivré par le Maire sur papier timbré.

6° S'il s'agit d'un immeuble, procès-verbal d'estimation en capital et en revenu du terrain légué, dressé sur papier timbré, par deux experts choisis par le conseil de fabrique ; on y annexe un croquis des lieux et un certificat négatif du conservateur des hypothèques.

7° Certificat sur timbre, par lequel le Maire donne son évaluation approximative de la valeur de la succession et de la situation de fortune des héritiers naturels.

8° Consentement timbré et enregistré des héritiers naturels et du légataire universel à la délivrance du legs.

9° S'il y a charge de fondation religieuse, il faut produire le tableau des fondations existantes, et l'état nominatif du clergé de la paroisse

239 _____ Le dossier ainsi constitué est envoyé à l'Évêque pour obtenir son avis sur le tout, et s'il y a fondation religieuse, son approbation.

L'Évêque transmet le dossier au Préfet, celui-ci donne l'arrêté d'autorisation lorsque la libéralité, n'excédant pas la valeur de mille francs, ne donne lieu à aucune réclamation, et n'est grevée d'autres charges que l'acquit de fondations pieuses. S'il y a d'autres charges ou des réclamations, mais que la valeur du legs ne soit pas supérieure à trois cent francs, le Préfet peut encore autoriser. Dans tout autre cas, il joint son avis au dossier, et l'envoie au Ministre des Cultes, qui fait rendre le décret en Conseil d'État.

Il faut remarquer que l'autorisation, quelle que soit la source d'où elle émane, ne fait que rendre le legs exécutoire, elle n'en préjuge pas la validité, qui peut toujours être contestée devant les tribunaux par les ayants droit. Au contraire, le refus d'autorisation est un motif suffisant pour les tribunaux de rejeter la demande en délivrance du legs.

240 _____ En attendant l'autorisation demandée, le Trésorier doit faire les actes conservatoires destinés à assurer le droit de la fabrique : tels que l'inscription hypothécaire sur les immeubles de la succession, l'apposition des scellés, la mise en séquestre de l'immeuble légué, l'établissement de l'inventaire de la succession et. L'inscription hypothécaire, en ce cas, est exempte des droits d'hypothèque et de salaire des conservateurs. (2)

Dès qu'il a reçu ampliation de l'arrêté ou décret d'autorisation, le trésorier établit et signe un acte d'acceptation, dans lequel il doit être fait mention expresse du décret (3). La forme de cet acte n'est spécifiée par aucune disposition législative ou administrative : la demande en délivrance peut en tenir lieu, ainsi que la quittance remise au reçu du legs

La demande en délivrance est adressée par le trésorier soit aux héritiers à réserve, soit, à leur défaut, au légataire universel, soit, à défaut de celui-ci, aux héritiers naturels. A partir du jour où cette demande de délivrance est signifiée au possesseur, les intérêts du legs pieux sont en faveur de la fabrique et à la charge du détenteur négligent. (4) Si la fabrique était elle-même légataire universelle, qu'il n'existât point d'héritiers à réserve, elle serait

---

(1) - Ord. 2 av 1817 art 5
(2) - L 5 ventôse an VII art. 23 ; arrêté du 24 pluviose an XIII, cité par Boot.
(3) - D 30 déc 1809 art 59
(4) - Arrêt de la Cour de Caen 29 déc 1898.

saisie de plein droit, et n'aurait pas à demander de délivrance du legs, pourvu cependant que le testament fut notarié; car si le testament était mystique ou olographe, elle devrait se faire envoyer en possession par le tribunal civil de l'arrondissement[1].

Les sommes ou objets mobiliers légués doivent être remis au comptable ou au trésorier, sauf à celui-ci à en faire l'emploi marqué dans le testament ou le décret d'autorisation.

241 _____ Il arrive parfois qu'un legs est fait à plusieurs établissements publics, par exemple, à la fabrique en propriété et à la cure en usufruit, à la fabrique et à la Commune ou au bureau de bienfaisance. En ce cas, chaque établissement demande l'autorisation d'accepter la libéralité collective au Ministère duquel il relève et la solution est toujours donnée par un seul décret du chef de l'État.

L'acceptation et la demande en délivrance sont ensuite faites par le Trésorier pour la fabrique, par le Curé au nom de la mense curiale, et pour les autres établissements, par leur représentant légal.

La somme est encaissée par l'établissement à qui le testament a attribué la propriété, et l'autre a droit à la perception régulière des arriérages

242 _____ Le délai d'enregistrement est de six mois, à compter du jour du décès. S'il arrivait que l'autorisation fut refusée après l'expiration de ce délai, il y aurait lieu à restitution des droits payés.

Les droits sont les mêmes que pour les dispositions entre vifs entre personnes non parentes; quinze francs à dix-huit francs pour cent sur les immeubles, décimes compris (2)

---

1. Code civ. art 1006 et 1008
(2) L. 21 av 1832. art 33

Article II.

Des Aliénations.

Trois paragraphes en cet Article 1° des Ventes, 2° Des Echanges ; 3° Des Transactions

§ 1. Des Ventes.

243 _____ Les objets mobiliers ou appartenant à l'Eglise, à moins qu'ils ne soient des œuvres d'art ou des antiquités précieuses, peuvent être vendus par la seule autorité du Conseil de fabrique. Le trésorier ne pourrait les aliéner du seul consentement du Bureau des Marguilliers . une délibération du Conseil, approuvée par l'E. vêque, est toujours nécessaire, et, si elle fait défaut, il peut y avoir lieu à rescision du Contrat de vente.

Pour la vente des meubles précieux, des valeurs et titres de Rentes, ainsi que des Immeubles appartenant à la fabrique, il faut, en outre, l'autorisation du Chef de l'Etat.

244. _____ Les formalités à remplir sont les suivantes

1° Une délibération du Conseil de Fabrique, indiquant la nature, la contenance et le produit de l'immeuble, ou le montant de la rente, et concluant à la nécessité d'en effectuer la vente.

2° Un procès-verbal d'estimation avec un plan figuré des lieux, dressé sur papier timbré par un expert que désigne le Conseil de fabrique

3° Le budget de l'exercice courant

4° Un procès-verbal de l'enquête de commodo et incommodo faite par ordre du sous-Préfet ;

5° L'avis du Conseil municipal

6° L'avis de l'Évêque

7° L'avis du Préfet

Au vu de toutes ces pièces, le Ministre des Cultes fait rendre en Conseil d'État le décret d'autorisation.

245. ———— Dès que l'ampliation du décret est revenue à la fabrique, le Bureau des Marguilliers procède à la vente.

Les titres de rente sont vendus par l'intermédiaire du Trésorier général du Département, et par le ministère d'un agent de change.

Les meubles précieux et les Immeubles se vendent quelquefois à l'amiable, par exemple quand la vente est proposée en faveur de propriétaire riverain, et que la fabrique doit en retirer un avantage évident.

Sauf ces cas exceptionnels, elle se fait aux enchères publiques, et est annoncée par trois affiches successives, de huitaine en huitaine. Le Bureau des Marguilliers procède lui-même à l'adjudication assisté du Comptable de la fabrique. Aucun des membres du bureau ne peut se porter soit pour adjudicataire, soit même pour associé de l'adjudicataire (1)

L'acte de vente est passé devant notaire et enregistré

_____

(1) - D. 30 Xbre 1809. art. 61

par le Trésorier au nom de la fabrique. Il est enregistré dans la quinzaine et ensuite transcrit au Bureau des Hypothèques.

Les droits à payer pour l'acquéreur sont de 5,50 pour cent, plus deux décimes et demi en sus, soit 6.875. p. cent.

§ 2. Des Echanges.

246. _____ L'Echange est un Contrat par lequel les parties se donnent respectivement une chose pour une autre.[1] Il y a échange simple quand les valeurs respectives des objets échangés sont égales, et échange avec soulte quand une des parties doit payer en numéraire la différence qui existe entre ces deux valeurs.

Tout échange constitue une acquisition, si la fabrique paie une soulte, et une aliénation, si elle la reçoit. En conséquence, l'échange est soumis aux mêmes règles et formalités que l'achat ou la vente.

L'échange d'objets mobiliers se fait par décision du Conseil de fabrique, revêtue de l'autorité épiscopale.

L'échange d'objets d'art, de titres de rente ou d'immeubles ne peut s'effectuer qu'en vertu d'un décret du Chef de l'Etat qui l'autorise.[2]

247. _____ Les formalités à remplir pour faire rendre ce décret sont à peu près les mêmes que pour la vente, savoir :

1° Une délibération motivée du Conseil de fabrique ;

---

(1) — Code Civil 1702.

(2) — D. 30 X^bre 1809. art. 62

2°. Un procès-verbal d'estimation, tant en capital qu'en revenu des immeubles à échanger, avec plan figuré des lieux, le tout dressé sur timbre par deux experts, dont l'un est choisi par la fabrique et l'autre par l'échangiste ;

3°. La promesse d'échange sur timbre, signée par l'échangiste.

4°. Le procès-verbal de l'enquête de commodo et incommodo, faite par ordre du Sous-Préfet.

5°. L'avis du Conseil municipal ;

6°. L'avis de l'Évêque ;

7°. L'avis du Préfet ;

Le décret d'autorisation est rendu au Conseil d'État, sur le rapport du Ministre des Cultes, et ampliation en est transmise à la fabrique intéressée ;

248. _____ L'acte d'échange se fait devant notaire par le trésorier agissant au nom de la fabrique. L'échangiste doit, au préalable, justifier de ses droits de propriété, et fournir la preuve que son immeuble est libre de toute hypothèque.

L'enregistrement a lieu dans la quinzaine, puisqu'il s'agit d'acte notarié. Les droits à payer sont de 5.50 % pour les échanges ordinaires, et de 0.20 % pour les échanges qui ont pour objet de réunir entre les mains d'un propriétaire des parcelles d'immeubles ruraux bâtis ou non bâtis, situés dans la même commune ou dans des communes limitrophes, ou encore en dehors de ces limites quand l'un des immeubles échangés est contigu aux propriétés de celui qui le reçoit[1]. Ils se calculent sur la valeur en capital de l'un des immeubles échangés. S'il y a une soulte, celle-ci est soumise au tarif des ventes qui est de 5.50 %. Il faut, en outre, payer le double décime et demi en sus, tant sur les droits d'échange que sur les droits de soulte.

_____

[1] - Loi du 3 Nov. 1884 art. 1.

2° échange d'un immeuble contre un meuble par 5.50 % (décimes non compris) sur la valeur vénale des immeubles estimés dans l'acte par les parties.

§. 5. Des Transactions.

249. _____ On appelle transaction tout arrangement ayant pour but de prévenir ou de terminer un procès.

La transaction comporte essentiellement l'abandon d'un droit litigieux fait pour éviter une perte plus grande. Et ce titre elle est une véritable aliénation. C'est pourquoi les fabriques ne peuvent transiger si elles n'y sont régulièrement autorisées.

250. _____ Pour obtenir cette autorisation, la fabrique doit fournir les pièces suivantes

1° Une délibération du Conseil, énonçant les motifs pour lesquels il conclut à la nécessité de transiger,

2° Le projet de transaction, expliqué dans le plus grand détail, et signé par le Trésorier et la partie adverse (sextuple)

3° L'avis du Conseil municipal

4° L'avis de l'Évêque ;

Au vu de ces pièces, le Préfet rend l'arrêté d'autorisation. Autrefois il fallait en outre, une consultation de trois jurisconsultes délégués par le Préfet Elle n'est plus obligatoire aujourd'hui. Toutefois il appartient au Préfet d'inviter les fabriques à y recourir, dans les cas où il juge la chose utile.

251. _____ Le contrat de transaction est passé par devant notaire, et signé par le Trésorier au

la partie qui transige.

L'enregistrement a lieu dans la quinzaine; le droit à payer est de 1%, si l'une des parties s'oblige à payer une certaine somme. Dans tout autre cas, il n'y a qu'un droit fixe de 3ᶠ.

Article III.

Des Baux.

252. _____ Sous le nom générique de baux, nous comprenons tous les louages de choses, c à d tout contrat par lequel l'une des parties (le bailleur) s'engage à donner à l'autre, le preneur, locataire ou fermier), pendant un certain temps et pour un prix fixé, la jouissance d'une chose.

Ce contrat s'appelle bail à loyer, quand il a pour objet la location des maisons, bâtiments et meubles; — bail à ferme, quand il s'applique aux biens et héritages ruraux ou propriétés agricoles.

Les biens des fabriques, maisons ou biens ruraux, peuvent être donnés à bail ou régis directement par la fabrique, à la volonté du bureau des Marguilliers, sauf autorisation de l'administration supérieure, s'il y a lieu. La location est préférable à la régie directe, attendu qu'elle est plus propre à accroître les revenus fabriciens.

253. _____ D'après un décret de 1809, la

forme à observer pour la location des biens fabriciens est la même que celle déterminée pour les biens communaux.

En conséquence, il y a lieu de distinguer entre les baux à ferme ou à loyer dont la durée n'excède pas dix-huit ans, et ceux qui dépassent cette durée.

Pour les baux d'une durée qui n'excède pas dix-huit ans, le Bureau des Marguilliers en règle les conditions de sa seule autorité. Ses actes à accomplir sont les suivants :

1º Rédaction du Cahier des charges par le Bureau, — on y indique la nature et la contenance de l'immeuble, le prix minimum, le mode de payement, les améliorations à faire etc. Ce Cahier des charges est transmis à l'Evêque qui donne son avis et le soumet à l'approbation du Préfet.

2º Annonce de l'adjudication par des affiches apposées, à la diligence du Trésorier, à la porte de l'église du lieu où les biens sont situés, et des églises les plus voisines. Un extrait de l'affiche peut aussi être inséré dans les journaux de l'arrondissement et du département.

3º Adjudication aux enchères publiques, soit en présence du notaire, du trésorier et d'un marguillier, et, en ce cas, l'acte d'adjudication dressé par le notaire tient lieu de bail, — soit devant le Bureau des Marguilliers (sans notaire) qui dresse l'adjudication sous la forme d'un procès-verbal de séance, et ensuite passe le bail dans les formes ordinaires.

2º Quand la durée du bail excède dix-huit ans, le contrat n'est exécutoire qu'après approbation du Préfet. Les formalités à remplir sont les suivantes :

1º Expertise, par un expert désigné par le Sous-Préfet.

2º Délibération et rédaction du Cahier des Charges par le Conseil de Fabrique.

3º Enquête de commodo et incommodo par un commissaire que désigne le Sous-Préfet.

4° Homologation par le Préfet, après avis de l'Evêque,

5° Affichage et publication des enchères,

6° Adjudication solennelle et publique, comme plus haut,

7° Approbation du Préfet (1)

255. _____ Telles sont les formalités à remplir pour la location des biens des fabriques. Quelquefois cependant on permet la location amiable, par exemple quand le revenu est minime, ou que la nature de l'immeuble est telle qu'il ne peut être pris à bail que par la seule personne qui se présente.

Quant à la location verbale, faite par le Trésorier, elle est nulle de plein droit.

256. _____ Les baux écrits sous seing privé sont enregistrés dans le délai de trois mois, à partir du jour où l'acte a sa pleine valeur. Toutefois la loi accorde au bailleur un délai supplémentaire d'un mois pour déposer le bail à l'enregistrement, si le preneur ne l'a pas fait enregistrer dans les trois mois.

Le droit est de 0,20 % (0,25 décimes compris) du montant cumulé des loyers ou fermages calculés du premier au dernier jour du bail. Toutefois, quand il s'agit de baux au plus de trois ans, la loi permet de ne payer les droits que par périodes triennales, à condition d'en faire la déclaration écrite au Receveur (2). Cette faculté accordée aux contractants présente l'avantage que, si le bail vient à être résilié au bout de trois ans, ils n'ont pas de dépense inutile pour les périodes triennales suivantes.

---

(1) - Loi 5 Avril 1884. art. 68. 69 -

(2) - Loi 23 Août 1871 .

Article IV.

des Emprunts.

———

257. _____ En principe, les Conseils de fabrique ne peuvent contracter aucun emprunt sans l'autorisation préalable de l'administration supérieure.

L'autorisation est donnée par arrêté du Préfet, lorsque la somme à emprunter ne dépasse pas le chiffre des revenus ordinaires de la fabrique, et que le remboursement doit être effectué dans un délai de douze années. Si la somme à emprunter dépasse le dit chiffre ou si le délai de remboursement excède douze années, l'emprunt ne peut être autorisé que par un décret du Président de la République.

Le décret est rendu au Conseil d'État si l'avis du Conseil municipal est contraire, ou s'il s'agit d'un établissement ayant plus de 100.000 -r. de revenu.

L'emprunt ne peut être autorisé que par une loi, lorsque la somme à emprunter dépasse 500.000 fr. ou lorsque ladite somme réunie aux chiffres d'autres emprunts non encore remboursés, dépasse 500.000 -r.

258. _____ Pour obtenir l'autorisation, la fabrique doit fournir les pièces suivantes.

1° Délibération du Conseil de fabrique, motivée par la nécessité de la dépense et l'impossibilité d'y pourvoir autrement;

2°, Les Comptes des trois derniers exercices, ou tout au moins les totaux du résultat final de chacun d'eux;

3°. État de l'actif et du passif de la Fabrique:

4°. Le Budget de l'exercice courant:

5°. L'avis du Conseil municipal

Toutes les pièces sont adressées à l'Évêque diocésain qui joint son avis au dossier, et transmet le tout au Préfet. Celui-ci prend un arrêté d'autorisation ou transmet le dossier en y joignant son propre avis au Ministère des Cultes, suivant que l'affaire est ou n'est pas de sa compétence.

259 — L'autorisation une fois obtenue le Bureau négocie l'emprunt. Pour cela il s'adresse soit à la Caisse des Dépôts et Consignations, soit au Crédit foncier, soit à un particulier, soit enfin au public par une émission d'obligations remboursables.

La Caisse des Dépôts et consignations prête aux établissements publics à 5% l'an, et à la condition que la durée de l'amortissement ne dépasse pas 15 ou 20 ans au plus.

Le Crédit foncier offre des prêts, avec ou sans hypothèque, remboursables soit à long terme par annuités, soit à court terme avec ou sans amortissement. (1). Le taux est 5%.

Les particuliers prêtent facilement à un taux inférieur à 5% et avec toutes les facilités d'amortissement

Enfin on peut émettre des titres d'obligation nominatifs ou au porteur, munis ou non de coupons transmissibles par ministère public ou par voie de simple endossement, etc. (2)

260 — Quelque soit le mode adopté pour contracter l'emprunt, le premier soin du Bureau sera de rédiger le cahier des charges qui devra ensuite

(1)— L 6 Juillet 1860 art 1. et suiv.

(2)— Décret du 23 Juin 1879 art 112 10 et suiv

être soumis à l'approbation du Préfet.

Le Bureau négocie ensuite l'emprunt, soit en traitant de gré à gré avec un prêteur, lorsqu'il s'en trouve dont les conditions sont évidemment avantageuses pour la fabrique, soit en procédant par adjudication, avec publicité et concurrence. Dans ce dernier cas, le Trésorier annonce l'emprunt par des affiches et des insertions dans les journaux. Les offres des prêteurs sont reçues sous forme de soumissions cachetées, et l'adjudication est prononcée par le Bureau en faveur de la soumission la plus avantageuse.

Le procès-verbal de l'adjudication est aussitôt dressé, signé par les marguilliers et l'adjudicataire, et enregistré, aux frais de ce dernier, dans les vingt jours qui suivent l'approbation du Préfet. Le droit est de 1 % (1). Mais quand l'emprunt se fait par souscription publique, le droit n'est payé que lors de la réalisation des versements et de l'émission des titres. (2)

261 _____ La recette du montant de l'emprunt est effectuée par le comptable, qui délivre en retour soit une expédition de l'acte notarié, soit le billet signé des marguilliers, soit un titre au porteur muni des mêmes signatures. Elle est justifiée par l'autorité chargée du jugement des comptes, au moyen d'une ampliation sur papier libre du décret d'autorisation, et d'une copie des actes, qui ont réglé les conditions de l'emprunt. (3).

Le paiement des arrérages et des annuités d'amortissement s'effectue selon les conditions marquées au cahier des charges, et constitue une dépense ordinaire obligatoire pour la fabrique.

---

(1) _ L. 5 Juin 1850. art 27

(2) _ Cass. 15 Mai 1860

(3) _ D. Règlement 29 Juin 1879. art. 8 et passim.

Notons en terminant que tout emprunt contracté sans une autorisation préalable ne peut engager la fabrique. Il retombe tout entier à la charge personnelle des fabriciens.

Article V.

des Procès.

---

262. _____ La fabrique ne peut entreprendre aucun procès ni y défendre sans l'autorisation préalable du Conseil de Préfecture[1]. La nécessité de cette autorisation étant fondée sur l'ordre public, la fabrique elle-même pourrait invoquer en cassation la nullité d'une procédure qu'elle aurait commencée sans en être munie.

Cependant il n'y aurait pas lieu de demander l'autorisation pour plaider devant le Conseil de Préfecture ou le Conseil d'État, ni quand il s'agit d'intenter une action possessoire, car cette action est plutôt un acte conservatoire qu'un procès proprement dit. On pense aussi généralement que le Comptable pourrait sans autorisation poursuivre devant le Juge de Paix le recouvrement des objets mobiliers de peu de valeur, et défendre dans toutes les causes de peu d'importance qui sont jugées sommairement devant les tribunaux civils[2]

---

(1) _ v. 30 Xbre 1809   art. 77
(2) _ L. 5 avril 1884   art. 154.

Enfin les fabriques peuvent se pourvoir en référé sans autorisation préalable.

L'autorisation accordée n'est valable que pour un seul degré de juridiction la fabrique ne pourrait donc en appeler à un tribunal supérieur, ni se pourvoir en Cassation sans une nouvelle autorisation du Conseil de Préfecture [1] mais elle pourrait défendre en appel sans une nouvelle autorisation

263. _____ Pour obtenir l'autorisation de plaider, la fabrique remplit les formalités suivantes

1° Délibération motivée du Conseil

2° Les pièces justificatives tendant à montrer que la fabrique a, dans l'espèce, une apparence sérieuse de bon droit.

3° L'avis du Conseil municipal

Le dossier est transmis au Conseil de Préfecture qui décide si la fabrique doit être autorisée à ester en justice. Sa décision doit être rendue dans le délai de deux mois à dater du dépôt du dossier [2] Si le Conseil de Préfecture laisse expirer ce délai sans prendre aucune décision, la fabrique est par le seul fait autorisée à plaider. [3]

En cas de refus d'autorisation, la fabrique peut se pourvoir devant le Conseil d'Etat, dans le délai de deux mois à partir du jour de son enregistrement au secrétariat général du Conseil d'Etat.

264 _____ Les particuliers ne peuvent intenter contre la fabrique aucune action judiciaire autre que les actions possessoires, avant d'en avoir averti le Préfet ou le Sous-Préfet par un mémoire exposant l'objet et les motifs

_____

(1) — L 5 avril 1884 art 121

(2) — Id. art 126

(3) — Cir min 15 Mai 1884

de leur réclamation. Il leur est remis un récépissé constatant le dépôt du mémoire. L'action ne peut être portée
devant les tribunaux que deux mois après la date du
récépissé.

Le Préfet adresse immédiatement le mémoire au Président de la Fabrique, avec l'invitation d'en délibérer en
Conseil dans le plus bref délai. La délibération est transmise au Conseil de Préfecture qui rend sa décision dans
le délai de deux mois à dater du dépôt du mémoire.

En cas de négligence du Conseil de Préfecture, ou de
refus de sa part d'autoriser la Fabrique à plaider, on
procède comme ci-dessus.

265. _____ L'autorisation de plaider étant
obtenue, le Trésorier doit introduire l'instance et la poursuivre
jusqu'au terme. Il est assisté d'un avoué, selon les exigences
du droit commun. Il a soin d'ailleurs de tenir le Bureau
des Marguilliers au courant de toutes les phases et de
tous les incidents de la procédure.

Le Préfet ne peut jamais se substituer à la Fabrique
ni nommer un agent spécial pour poursuivre l'action
en justice.

266. _____ Il convient de noter en que
la Fabrique est à la fois justiciable des tribunaux civils
et des tribunaux administratifs. Il importe donc de connaître, au moins d'une manière générale, quelle est
la compétence des uns et des autres.

Les Tribunaux civils – juge de paix, tribunal
de 1re instance, cour d'appel & Cour de Cassation – connais-
sent de toutes les causes civiles, où la Fabrique a un
intérêt privé comme personne morale. Telles sont les
causes relatives à la propriété des biens, à la validité
des legs, donations, contrats de tout genre, aux créances

et lettre de la fabrique etc..

Les Tribunaux administratifs — Conseil de Préfecture et Conseil d'État — jugent de tous les actes dans lesquels la fabrique agit dans la limite de ses fonctions administratives. ils prononcent la validité ou l'invalidité des actes administratifs, interprètent les règlements, arrêtés et décrets etc.

Entre ces tribunaux, les fabriques ont quelquefois lieu de recourir au Préfet et au Ministre comme à des juges d'un ordre spécial.

Le Préfet, par exemple, statue sur les décisions données par les fonctionnaires de son Département, sur les contestations entre les fabriques et les entrepreneurs des pompes funèbres etc

Le Ministre des Cultes statue comme juge d'appel dans les mêmes causes.

Quelquefois enfin, il peut être avantageux à la fabrique de s'adresser au tribunal de Commerce plutôt qu'au tribunal civil. la procédure y est plus simple et moins dispendieuse. et les moyens d'exécution sont plus commodes. Le Trésorier y trouve en particulier l'avantage de pouvoir se présenter en personne à la barre du tribunal, et d'y développer lui-même ses allégations et conclusions sans être obligé de recourir au ministère des avocats et avoués. Mais pour se présenter devant ce tribunal, il faut que le débiteur de la fabrique soit commerçant, et obligé envers elle pour les affaires de son commerce.

261. _____ La procédure devant le Juge de paix et autres tribunaux de l'ordre civil, ainsi que les différentes voies de recours : — opposition, appel, tierce-opposition, requête civile et pourvoi en cassation — sont

suffisamment connues, et ne rentrent d'ailleurs pas dans le cadre très limité de notre programme.

La procédure devant les tribunaux administratifs est moins connue et mérite d'être notée ici pour la commodité des marguilliers et fabriciens.

La coutume veut que le demandeur en Conseil de Préfecture, introduise sa demande sous forme de mémoire avec pièces à l'appui. La partie adverse est ensuite invitée à en prendre connaissance, et à répondre dans la même forme. Le jugement est rendu sur l'examen des deux mémoires.

Contre les jugements du Conseil de Préfecture, les recours légaux sont : 1° l'opposition quand le jugement a été rendu par défaut ; 2° l'appel en Conseil d'État ; et 3° enfin la tierce-opposition, dans le cas de lésion causée par une sentence à laquelle on n'a pas pris part.

On recourt au Conseil d'État par une requête signée d'un avocat de ce Conseil, et dans laquelle on expose sommairement la cause et les pièces à l'appui.

L'affaire ainsi introduite, avis en est donné à la partie intéressée, qui prend connaissance des mémoires et fournit sa réponse dans les quinze jours.

Les voies de recours contre une décision du Conseil d'État sont : 1° l'opposition, si le jugement a été rendu par défaut ; 2° la requête civile, ou demande en révision du procès, quand la décision a été rendue sur pièces faussées, ou que l'adversaire a retenu une pièce décisive ; et 3° la tierce opposition dans les conditions ordinaires.

268. _____ Dès que la fabrique a obtenu une sentence en sa faveur, le Trésorier ou

le Comptable met la partie adverse en demeure de l'exécuter. Et son refus, il fait procéder à la saisie-exécution, à la saisie-arrêt, à la saisie et vente des immeubles et autres moyens de contrainte. Dans tous les cas, il fera sagement de prendre l'avis du Conseil de fabrique avant d'en venir aux moyens extrêmes.

Si, au contraire, la fabrique a succombé, et qu'elle soit obligée de payer, l'exécution forcée n'est pas admise. On ne peut saisir les deniers qui ne peuvent être débensés que par voie budgétaire; ni les meubles, car ils sont affectés à un service-public l'exercice du culte; ni les immeubles, puisqu'ils ne peuvent être vendus sans autorisation.

Lors donc que la fabrique refuse d'exécuter le jugement rendu contre elle, la partie adverse ne peut que se pourvoir devant le Préfet. Celui ci se concerte avec l'Evêque, et prend les mesures nécessaires à la bonne exécution du jugement.

Table
des Matières

—

Introduction.

Fin
de la Table et du Traité

Imp. Jacquin Besançon

www.ingramcontent.com/pod-product-compliance
Lightning Source LLC
Chambersburg PA
CBHW060344200326
41519CB00011BA/2034